魏翕然　著

编辑杂谈

黑龙江大学出版社
HEILONGJIANG UNIVERSITY PRESS
哈尔滨

图书在版编目（CIP）数据

编辑杂谈 / 魏翕然著 . -- 哈尔滨 ： 黑龙江大学出版社 ， 2024. 6. -- ISBN 978-7-5686-0737-7

Ⅰ . G232.2

中国国家版本馆 CIP 数据核字第 2024QR7731 号

编辑杂谈
BIANJI ZATAN

魏翕然　著

责任编辑　　杨琳琳
出版发行　　黑龙江大学出版社
地　　址　　哈尔滨市南岗区学府三道街 36 号
印　　刷　　天津创先河普业印刷有限公司
开　　本　　720 毫米 ×1000 毫米　1/16
印　　张　　9.5
字　　数　　145 千
版　　次　　2024 年 6 月第 1 版
印　　次　　2024 年 6 月第 1 次印刷
书　　号　　ISBN 978-7-5686-0737-7
定　　价　　39.80 元

前　言

　　本书的内容主要是笔者从事出版工作十余年来的一点不成熟的感悟和思考,分为出版感悟篇、理论探索篇和图书评论篇三部分。出版感悟篇探讨了笔者对出版行业发展、人才及质量管理等方面的初步思考与理解,理论探索篇就笔者在编辑工作中遇到的技术问题展开了粗浅分析与讨论,图书评论篇则是笔者阅读图书后的简单感悟与评价。有些内容仅代表笔者职业成长阶段的感悟,随着出版行业的飞速发展,可能已经不能与最前沿的动向相吻合,同时限于笔者的知识水平和时间,书中难免存在不当和错误,恳请读者不吝赐教,给予批评指正,笔者不胜感激。

魏翕然

2023 年 6 月

目　录

出版感悟篇

理论探索篇

图书评论篇

出版感悟篇

"社会效益优先"考验下图书出版各环节的突破

2018 年末,中宣部印发《图书出版单位社会效益评价考核试行办法》,强调图书出版单位社会效益评价考核要坚持正确政治方向、出版导向、价值取向,聚焦内容生产,鼓励多出精品,提高出版质量;坚持定性评价和定量考核结合,做到客观公平公正;统筹当前和长远,推动图书出版业持续健康发展。

出版行业有着悠久的历史,对人类文明的发展传承功不可没,作为出版人,为此不能不感到自豪和荣耀。然而,如今市场经济飞速发展,出版单位陆续转企,图书出版行业被推上了市场竞争的舞台。转企是一把双刃剑,既让出版社在市场大潮中参与竞争,优胜劣汰,刺激了出版社的危机意识和拼搏精神,同时也让出版社压力更大。部分出版社则从市场这个舞台上获得了财富,并在财富的激励下发挥了创造力,展现出了前所未有的活力,从内容到形式均踏上了飞速的创新之路。但这也在时刻考验着出版者能否坚守图书出版行业的灵魂——出版物的社会效益。毫无疑问,出版单位要社会效益和经济效益两手抓。因为丢了社会效益,出版物便没有了灵魂,必将被淘汰;丢了经济效益,生存又成了问题,生存不下去,便没有继续创造社会效益的动力。但在现实中,社会效益和经济效益经常存在矛盾。出版人需要发挥智慧与责任心,以便在这二者之间找到平衡点。此外,新媒体的发展日新月异,对传统的纸质媒体带来了巨大的挑战,也对出版单位提出了新的要求——既要坚守传统,发挥纸媒独有的优势,参与正面竞争,又要寻求突破,实现转型。但是不论怎么变,核心都是社会效益,否则,出版行业面临的可能是致命的打击。

一、作者：优胜劣汰

近年来全国图书品种井喷式增长，种类浩如烟海，书店、数据库等越来越难以尽收种类浩繁、琳琅满目的新书。这些新书背后的出版社就像是生产文化产品的厂家，作者是产品原料的供应方，只有作者和出版单位密切配合，优质的文化产品才能走出厂家，走向市场，最终呈现给读者。出版活动也被人们形象地比喻为"为作者做嫁衣"，其服务的属性不言而喻。

不同的作者知识水平、写作能力存在差异，书稿的质量必然参差不齐。内容质量、社会效益应当成为判断书稿能否出版的决定性因素。费用充足与否，是能否出版的一个因素，但不应该成为唯一决定性因素。

文化的社会从来不乏对市场需求和读者兴趣有着很好的把握的优秀的作者，也不断涌现出有很好的社会效应，或体现出强烈的文化使命感的优质作品。这样的选题有较大的出版价值，但如果费用不充裕，出版成书往往就会面临一定的困难。总能看到一些对自己的作品的市场前景存有强烈自信心的作者，苦苦寻找着真正欣赏自己的书稿、愿意为其投资的出版社。很多优秀的选题错失了出版良机，没有与读者见面的机会，不能不说是一大遗憾。

然而另一方面，有一些选题的出版却带有一定的功利性，社会效益相对欠缺，但资金充裕，出版成书就相对容易。出版绝不是简单的复印，不是只要出了钱就一切说了算，无论写成什么样，出版社都要原样出版，不允许做出任何改动，哪怕是他写错了，这是万万不可的。另外，也不乏这样的作者，把出书当作完成上级任务、晋升甚至自我包装的途径，由于有经费做"后盾"，随便编辑怎么改，重写也可以，至于出版社辛苦努力的成果，作者自己都不屑于看，又怎会想到呈现给读者？"唯经费是出版"，显然是不明智的选择，出版后不会赢得读者群，市场反应必然冷淡，其传承文化知识的社会效益无从谈起。

针对"学术垃圾泛滥"的乱象，近年来，出版管理部门不断对政策调整优化,书号的使用不再是任意的、无限制的,而是有所收紧,严格把关。此举一方面导致出版资源紧张,出版费用水涨船高,令作者出书的成本更加高昂,但是另一方面促使出版单位对内容有更严格的选择,对选题质量的要求更高,出版社的审稿把关更加严格细致,粗制滥造的选题将逐渐被挤出出版市场,不该出的书不出,把有限的资源留给优质选题。无形之中,出版单位的社会效益和经济效益都得到了一定程度的提高,曾经的乱象得到了一定程度的遏制。在这样的背景下,出版的方向更明确了。与之相对应,作者的水平和稿件的质量取代了资金,成为能否成功出版的第一因素,实现了作者和书稿的优胜劣汰。

二、出版单位:严格把关

出版单位是图书出版的核心环节,对图书的质量负有重要责任。"社会效益"和"经济效益"是每个出版单位都要面对的,也都要做出选择。经济效益是出版社生存的基础,但只看中经济效益,忽视社会效益,出版物就失去了价值,甚至会毒害人的精神。

近年来,随着打击力度不断加大,淫秽、色情、暴力、反动等严重偏离社会效益要求的出版物已经在高压态势之下无所遁形,但是,社会效益低下仍是个难以解决的问题。有的出版物虽暂时占领市场,长远来看则缺乏"营养";有的图书则如前文所述,从问世之初就难以呈现给读者。这样,出版由手段变成了目的,作者从原料供应方变成了消费者,取代了读者这个真正消费者的地位。为作者服务无可厚非,但读者和市场也不容忽视。一旦内容粗制滥造,就更加背离了社会效益优先的宗旨。

新形势下,出版的导向逐步朝着良性的轨道发展。为了鼓励出好书,国家对社会价值较高的优秀选题设立一定的资金来资助。只要选题足够优秀,就有机会获得资助,一定程度上缓解了好书没钱出的尴尬。机会固然有限,但这样的收益,要比社会效益低的自费选题含金量更高,更有意义。

此外,出版资源的缩紧,意味着出版社自然而然要看重选题的长远价值,看重"畅销书""长销书",让有限的书号创造无限的价值,这就要求出版的图书尽可能得到社会的认可、读者的认可。当然,说到根上,追逐长远价值也是在追求经济效益,但这是建立在社会效益基础之上的,是一种兼顾社会效益和经济效益的最优解。过去那种只为作者服务,不为读者服务的出版模式,出来的产品注定是没有市场或市场极其有限的,挣的是"死钱"。出版社要想做大做强,长远规划,就不能不服务于市场,服务于读者。出版单位如果有实力,肯投资,愿意向优秀选题的作者抛出橄榄枝,敢于面对可能存在的市场风险,不断总结失败的教训,总结成功的经验,大胆摸索,闯出新路,就会进一步壮大自己,实现良性循环。对于规模略显薄弱的出版社,只要抓住机遇,利用好优惠政策,同样能打响自己的品牌,闯出自己的天地。"一本好书成就一个出版社"的案例值得学习和思考。那种远离读者、忽视社会效益的"拍婚纱照"式的出版,注定不应该成为出版行业的主流。

三、编辑:能力取胜

出版行业已经存续和发展了很久,新兴行业独有的那种"红利",似乎跟传统出版行业没有太大关系了,反而随着新媒体等新兴产业的挤压,传统纸媒利润空间越来越有限,市场前景越来越不乐观。出版产品结构不良,社会效益差,编辑则更饱受其苦。

一方面,编辑在选题策划上面临巨大压力。对"社会效益"和"经济效益"的选择,体现为对"职业道德"和"绩效指标"的抉择。在出版单位绩效考核指标的压力下,文化创意工作变得有些被动。作者和编辑应该保持一种平等合作的关系,共同策划并制作出优秀的出版物。

另一方面,不良的选题让编辑的文字加工陷入困境,一旦进入文字加工流程,就成为编辑的巨大负担。改,有时得不到作者的理解,甚至面临终止出版的风险;不改,内容质量就有问题,编辑乃至出版社的前途都可能受到影响。编辑就这样夹在图书质检制度和作者之间。

出版行业要想行稳致远、良性发展,编辑就应该走出这样的怪圈。

从宏观层面来看,书号资源的集约化使用在一定程度上扭转了这样的局面。出版的费用提高了,出版单位效益提高,出版流程中各环节的价值有所增加,编辑文字加工和选题策划的报酬都有适度提高的可能。同时,书号资源告别粗放,出版市场在一定程度上向卖方市场方向发展,选题的寻找的难度理论上会有一定程度的降低,当然这还取决于出版意向的变化等多种因素,但总体上,编辑争夺选题的局面会渐渐演变为选题争夺出版机会。书号相对于选题变成了稀缺资源,有利于其含金量的上升。

从编辑自身角度看,出版行业竞争压力大、利润空间小,逼迫编辑不断提高自身的业务水平以应对日益激烈的竞争。从选题策划方面看,有能力策划畅销书并付诸实施,就能够给出版社和个人创造更大的经济效益,并且有机会摆脱低水平选题的困扰和牵绊,减轻自己的压力;文字加工能力强,速度快,质量高,单位时间内创造的价值量大,就能在相同的时间内改掉更多的差错,完成更多的工作,也会减轻自己的压力。可见,个人水平高,竞争力就强,就容易在与同行的竞争中取胜。提升自己,告别低水平徘徊,是编辑提升自我价值的途径,但是说起来轻松,做起来谈何容易!即使付出了努力,也可能收效甚微,但没有汗水和艰辛,便不可能有所收获。

四、读者:读书获益

图书出版服务的直接对象便是广大的读者。无论作为市场经济中的商品,还是作为"人类进步的阶梯",书最终都要呈现给读者。可以说,出版事业不能没有读者,否则就是无本之木。然而,成功出版能够使读者认可的优秀出版物并不简单。

出版单位转企、市场化初期,图书的变化有目共睹——设计从单调到华丽,内容从枯燥到生动,形式从单一到多元,品种从短缺到暴增,明显看得到出版者对读者口味的迎合。但同时,少数图书存在的问题也暴露无遗——盲目追求品种数,导致编校质量下降,误导读者;单纯吸引读者眼球,导致内容质量低下,格调不高,或千篇一律,价值低下;印装质量低劣,粗制滥造,阅读感差;等等。市场化刺激出版单位创新求变的同时,也带来了副作用——盲目追求经济效益,忽视社会效益。加之盗版猖獗,图书市场一度相对混乱。这可谓是图书出版行业快速发展的阵痛,也让读者受害不浅。

随着国家的逐步治理和规范,以上现象陆续得到遏制。国家各级管理部门以疏堵结合的方式,将图书质量和品位逐步提高。一方面是疏,引导出版单位自我提升,产出高质量的优秀出版物。国家设立的各项出版基金和地方精品工程、学术补贴,促进出版单位加大高质量选题的出版力度;中国出版政府奖则对先进的出版单位、个人及优秀出版物予以表彰,对出版单位产生了很好的示范效应,激发了出版工作者的斗志;图书编校大赛则激励了全国各地一批批优秀青年编辑人才提高编校水平,脱颖而出。另一方面则是堵,减少低质量、社会效益差的出版物的生产。《图书质量管理规定》的出台以及各级图书质量检查有序开展,处罚不合格图书出版单位和个人,让图书编校质量和内容质量总体上显著提升,粗制滥造现象逐渐杜绝;《图书出版单位社会效益评价考核试行办法》的实施,更让出版社把图书的社会效益看得更重,消除只注重经济效益的弊端。经过出版产业链各个环节的通力合作,图书出版事业在发生着翻天覆地的变化。种种措施,让出版物的品质逐年提高,告别了混乱粗糙,走向精致高端。这一切,相信眼睛雪亮的读者一定有所感触。无论是图书品种数井喷式的增长,还是图书品质的提高,都让读者获益。书的品质提高了,文化传播和交流效果才能得到保证,读者读好书、学知识的渴望才能得到满足,国民文化知识水平才能稳步提升。

结语

有人认为出版行业是夕阳产业,因为看到新媒体、新技术对纸质图书冲击较大;也有人认为出版行业是朝阳产业,因为知识更新速度与日俱增,承担传播知识的重任的出版行业只会越来越受到重视,因为出版的定义可以更广。无论如何,纸媒也好,新媒体也罢,都是出版的不同业态,都离不开社会效益。作者、出版社、编辑和读者要组成文化产品生产和消费的共同体,要消除偏见,精诚合作。出版单位只要永远把社会效益、把读者放在第一位,想读者之所想,努力将为读者、为全人类传播精神文明作为己任,就会不断取得突破,为出版行业守住一片净土,并开创出繁花似锦的前程。

参考文献

[1]杨玲.编辑工作量的科学核定[J].中国出版,1998(3):35-36.

[2]吴婧.新时代学术著作出版社会效益考核受众维度探析[J].科技与出版,2021(12):113-116.

[3]陈玉洁.高质量发展背景下出版选题策划探析[J].出版参考,2022(2):56-58.

浅谈新媒体冲击下的出版行业

中共中央办公厅、国务院办公厅印发了《关于加快推进媒体深度融合发展的意见》，从重要意义、目标任务、工作原则三个方面明确了媒体深度融合发展的总体要求，要求深刻认识全媒体时代推进这项工作的重要性紧迫性，坚持正能量是总要求、管得住是硬道理、用得好是真本事，坚持正确方向，坚持一体发展，坚持移动优先，坚持科学布局，坚持改革创新，推动传统媒体和新兴媒体在体制机制、政策措施、流程管理、人才技术等方面加快融合步伐，尽快建成一批具有强大影响力和竞争力的新型主流媒体，逐步构建网上网下一体、内宣外宣联动的主流舆论格局，建立以内容建设为根本、先进技术为支撑、创新管理为保障的全媒体传播体系。

出版行业作为文化传播行业，媒体融合是大势所趋，但同时，传统纸质媒体正在遭受新媒体的冲击。有人视新媒体为洪水猛兽，也有人视其为机遇。新媒体可以说是一把双刃剑。

出版人一直在为文化的传承做着工作。"编辑无用论"甚嚣尘上时，广大的编辑仍在用实际行动说话，证明由编辑把控的文字的可读性和严谨性，在充斥着粗制滥造的碎片文字的互联网上保持着一股清流，也越来越多地得到了认真、专业的读者的肯定。文化传承者的使命在默默地得到坚守。出版人不畏挫折、逆势前行的风姿，体现了出版行业勇于担当文化使命，善于创新发展理念，乐于展望光辉前程的可贵气质。

互联网的发达，让每一个出版人都能随时关注时局变化，及时了解真实、准确、客观的国内外动态，接受最新的政治理论思想，更能及时掌握最前沿的动态与常识，跟上时代发展的步伐。这对出版人来说是必不可少的，尤其是编辑，脱离时代就意味着丧失基本的编辑素养。可以说，新技术帮助编辑时时刻刻保有鲜活的出版思维和发展理念。

同时，新技术让出版的形式在不经意间发生着变革，特别是为出版行业的新形态——数字出版的大发展带来了良好的契机。数字出版相比于传统出版，以高科技为依托，时空限制大大减少。这些优势让数字出版更易于即时传播准确、优质的信息，满足人们迫切的阅读需求，让读书更便捷、更安全、更随心。抓住这一机遇，积极推进出版改革，势必赢得良好的效益。从这个意义上看，新媒体促进了出版的转型发展，让数字出版这一新的形态更好、更灵活地服务读者。互联网等新媒体也不再是传统出版的"大敌"，而是助力出版业态更好更快发展的助手。出版业在新时代以新技术换上了新面貌。

新媒体也为图书的选题策划提供了新的素材，打开了新的思路。如今，出版社陆续走向市场，大学出版社服务于科研和学术的同时，也在积极开拓市场，在市场上寻找新的机遇。很多眼光敏锐的出版社化危机为机遇，在新媒体方面寻找了大量优秀的相关素材，挖掘新的增长点，从新媒体技术、新媒体思维等不同角度广泛挖掘选题，努力迎合当下不同口味读者的阅读热情，一系列不同类型的相关选题迅速涌现。与民法典的颁布相关的一系列选题迅速抢占市场。这说明出版人不仅思维跟得上，而且行动够迅速，在保证出版质量的同时，出版进度之快也尤为重要。这离不开高效、创新的现代化出版管理模式。依靠这些新思路、新选题，很多出版社抢抓机遇，占领市场，收获了不俗的业绩，更打响了自己的品牌。即使名不见经传的小型出版社也同样有"逆袭"的良机。对于出版行业来说，只有不断更新理念，紧跟时代的步伐，才能在时代浪潮的洗刷之下稳立潮头。

虽然出版社的发展一直都面临各种各样的挑战，但在当前这个日新月异的时代，变化往往是始料不及的。新媒体的日新月异无疑给传统的纸媒出版带来了空前的挑战，一大批出版物已经失去或正在失去曾经的辉煌，出版社也面临着抉择——坚守还是转型？怎样转型？是正面竞争，发挥纸媒独有的优势，还是另辟蹊径？面对市场大潮，大学出版社既有优势也有劣势，如何扬长避短，适时走出舒适区，为自己寻找新的增长点？不确定因素何时以何种方式出现都是未知数，出版社如何临危不乱，逢凶化吉，化挑战为机遇？……这一系列问题尤为紧迫地要求传统的出版社迅速给出令人满意的答案。因为答案是否理想，很大程度上影响着未来的发展。新媒体带给出版行业的利弊足以促使我们每一个出版人认真思考，思考自己的未来，思考出版行业的明天。将其视若洪水猛兽，难免故步自封，裹足不前；视若苦口良药，查遗补漏，扬长避短，则会转危为机，化腐朽为神奇。既要埋头改书稿，又要抬头看明天，拨正航向，扬帆远航，是时代对出版人提出的新要求。

总之，出版行业发展的漫漫长路中，新媒体带来冲击的同时，也带来了考验，带来了机遇，更带来了思考。如何化解冲击，谋求长远、高质量发展更值得思考。出版人不能忘记为读者服务、把社会效益放在第一位的初心，风浪再大，变数再多，也万变不离其宗。只有勇于担当，善于创新，乐于展望，出版人的精神屹立不倒，出版社乃至出版业才能行稳致远。

图书编校质量管理任重道远

图书出版是生产文化产品的过程,对图书的编辑加工和校对则是这一生产过程的核心环节,是确保图书质量的关键。作为知识传播的重要媒介,图书的质量问题不容小觑。小到读者良好的阅读体验和正确的知识获取,大到国家政策、科技信息等准确的发布与传播,都有赖于图书内容的精准,而这一切,除了依靠图书作者足够的知识储备和责任心之外,更离不开出版工作者对出版物编校质量的严格把关。

根据国家新闻出版广电总局出版产品质检中心的资料,20 世纪 90 年代,新闻出版署曾多次抽查部分出版社出版图书的编校质量,发现当时图书的编校质量不容乐观。2011 年,全国开展了以"质量管理年"为主题的检查活动,其中 567 家出版社自查图书 7566 种,出版主管部门抽查图书 1396 种。检查对象涉及文艺作品、少儿读物、教辅读物等。此后几年,国家连续开展了"出版物质量规范年""出版物质量保障年""出版物质量专项年""出版物质量提升年"等一系列质量专项年活动,图书编校质量逐年提升。如今,国家依据《中华人民共和国产品质量法》《出版管理条例》《图书质量管理规定》《图书质量保障体系》等,对图书质量的监督抽查已成为常态。

根据《图书质量管理规定》第五条,差错率不超过万分之一的图书,其编校质量属合格。差错率超过万分之一的图书,其编校质量属不合格。一直以来,国家对"万分之一"这条红线始终没有放松。然而,在编校实践中"万分之一"这个标准往往并不是很容易达到。除了知识结构、编校水平等编辑自身方面的因素以外,还有以下几方面影响编校质量的外在因素不容忽视。

第一,时间紧,任务重。图书编校不可急于求成,否则往往事倍功半。从初稿到清样,要经历逐字逐句用心加工的过程,正所谓"功到自然成",没有下足够的功夫，很多错误就难以消除。国家规定的三校一读制度是保障图书质量的关键步骤。然而目前出版单位纷纷转企，融入了市场的大潮，因此必然要考虑经济效益，对编辑的最低工作量加以规定。如果标准定得偏高，编辑的工作压力增大，为了尽快完成出版任务，编辑往往不能够沉下心来做编辑加工，即存在"赶工"的情况，对语句分析不到位、遗漏错别字、忽视知识性问题在所难免。其中，前后文照顾不周，句式杂糅以及多字、少字、颠倒字等比较典型的问题，往往都是由于"急于求成"而被忽视的。可见，数量和质量这对矛盾始终是绕不开的，从根本上说就是图书的经济效益和社会效益的矛盾始终存在，因此一直都需要找出一个合理的平衡点。

《图书质量管理规定》要求的检查范围包括："图书的正文、封面（包括封一、封二、封三、封底、勒口、护封、封套、书脊）、扉页、版权页、前言（或序）、后记（或跋）、目录、插图及其文字说明等。正文部分的抽查必须内容（或页码）连续且不少于 10 万字，全书字数不足 10 万字的必须检查全书。"但这并不意味着只把前 10 万字的质量抓上来就万事大吉。一本书的任何角落，只要存在文字，就有隐藏问题的可能，因此须"有墨必看"，否则后患无穷。

第二，人才不足。目前，基层图书编校质量检查中往往缺乏固定、专业的质检人员，由各出版社抽调的一线人员为了所在出版单位的经济效益，疲于应对各种日常事务，难以有充足的时间保证质检工作的质和量。由于简单而笼统的图书编校质量差错率计算方法很难涵盖灵活多样的编校差错，标准执行起来弹性也很大，不同质检人员，尤其是并不熟悉计错标准的质检人员对标准的掌握有很大的差异，对同一本书给出的质检结果必定存在极大的差别。一旦出现误判的情况，出版社为了申诉则需要花费大量的时间和精力准备书面材料，这是对出版社人力资源和时间资源的一大浪费。建议相关主管部门建立专职的质检人员队伍，不断对评分标准进行研读与磨合。同时，建议将仲裁结果匿名告知质检人员，让质检人员及时了解哪些评分失当，以便今后改进。

第三，认识不足。有的作者对编辑的工作性质存在或多或少的误解，他们不清楚图书还要经过编辑加工环节，还要接受国家的检查，认为出书是自已的事情，只要能尽快印出来，有错误也无所谓，甚至对编辑严格细致的改稿工作不以为然，认为是小题大做。如今信息大爆炸，互联网上各种文章浩如烟海，有人甚至认为互联网上人人都可以发布消息，于是人人都可以搞出版，既省钱又省事，不再需要出版社来出版图书传播知识了。这种不理解除了让责编觉得自己辛苦付出的心血得不到认可之外，更重要的是有时会在出版时间上加上不合理的限制。这必然给稿件质量的提升带来很大的影响。

关于"文责自负"的认识往往存在偏差。编辑应该对编校差错负责。出现文字、标点差错，意识形态差错甚至一般的常识性差错等，编辑自然需要负责，但消灭知识性差错对编辑来说往往就不是那么容易了。著书立说者往往都是该行业的专家，从知识储备上来看，编辑自然无法与之相比。即使出现知识性差错，编辑能做的也只是适当对可能存在错误的地方产生怀疑，然后与作者求证，仅靠怀疑必然很难消灭全部知识性差错。对作者而言，则应当有"文责自负"的意识。针对此类超出编辑能力水平的内容差错问题，这种责任意识有助于对作者的写作进行一定的约束，以便于明确划分职责，让编辑能够安心负责自己的分内之事，并且在一定程度上抑制学术浮躁甚至学术不端行为，从源头上管住图书的内容质量。

编辑的工作做在了不太容易看到的地方，因此一方面要保证书稿的质量，接受国家的严格检验，另一方面也要做好作者的工作，避免作者的因素影响图书质量。

第四，信息不畅。编辑工作要与时俱进，以国家最新的政策精神做指引，贯彻国家对图书出版的导向，做国家政策和读者之间的桥梁，因此获取国家对编辑工作的最新要求尤为重要。如果基层的编辑人员没有渠道获知最新的动态，或者渠道不畅通、流于形式，只根据已有的经验和知识结构，是难以跟上时代的步伐的，这对于编辑掌握规范无疑是不利的。一旦国家对编辑工作有最新要求，如果获取不到，将影响图书对新精神的贯彻。

另外，虽然互联网上可以看到宏观层面的政策性文件，但是落实到细节的层面上，就显得缺乏可操作性，因为宏观的国家标准、行业标准无法涉及所有的细节问题,也有的是新近出现的尚未规范但存在争议的问题,这就导致各出版单位的编辑人员对标准的掌握情况参差不齐,甚至当所出版的图书被认定为不合格时,不清楚错在何处,为什么这样计错,这样即使再认真做编辑加工,要想保证图书质量也是有心无力的。因此在如今的信息时代,应该及时掌握最新的动态,以更有效地提升图书的编校质量。每个人对同一类问题的判断标准不一致,也自然影响对图书导向的判断结论。为了稳妥起见,编辑通常将相关的内容一并删除,但这并非万全之策。可见,提高编辑的政治敏感性尤为重要。

由此可见,编辑工作并不好做,成为一名优秀的编辑也绝非一朝一夕之功,要守住"万分之一"这条红线,离不开终身学习、点滴积累,更离不开兢兢业业、耐心细致。虽然图书编校差错五花八门,不胜枚举,但很多差错属于同一类的共性问题。只要不断积累经验,认清各类错误高发区并对其多多留意、认真研判,时刻把图书编校质量放在首位,就必然有助于防范越来越多类型的差错,逐步提高编校质量。同时,针对以上问题,合理安排工作流程和出版时间,掌握同作者沟通的技巧,及时设法了解相关信息导向,必然对提高图书编校质量大有裨益。

关于编辑人才引进与培养的一点思考

2021 年 9 月 27 日至 28 日，中央人才工作会议在北京召开。中共中央总书记、国家主席、中央军委主席习近平出席会议并发表重要讲话，强调要坚持党管人才，坚持面向世界科技前沿、面向经济主战场、面向国家重大需求、面向人民生命健康，深入实施新时代人才强国战略，全方位培养、引进、用好人才，加快建设世界重要人才中心和创新高地，为 2035 年基本实现社会主义现代化提供人才支撑，为 2050 年全面建成社会主义现代化强国打好人才基础。[①]

市场竞争归根到底是人才的竞争。对于已经纷纷转企、闯入市场竞争大潮的出版行业来说，人才更是参与竞争的核心资源。出版社不仅需要人才，而且需要素质高、能力强、肯吃苦、善钻研的人才。出版社是知识和文化的富集地、输出地，更应当成为人才的聚集地。既然人才之于出版业如此重要，出版社要保持人才队伍的饱满就离不开人才引进这一源头，人才培养更是出版社为保持人才的工作能力而需要承担的重任。笔者根据所在出版社的现实，简述出版社出版人才引进与培养的优势与面临的问题，以期寻求问题的解决之道。

问渠那得清如许？为有源头活水来。出版社人才队伍的强大，离不开人才的引进。编辑行业的特殊性决定了光引进是不行的，"十年树木，百年树人"可以用来形容出版人才培养之艰辛。出版社的重要力量——文字编辑是内容的加工者，直接与出版物的灵魂——文字打交道，除了作者的写作水平以外，文字编辑能力的强弱也是图书质量的重要决定因素。而编辑能

---

① 《习近平：深入实施新时代人才强国战略　加快建设世界重要人才中心和创新高地》，https://www.gov.cn/xinwen/2021-12/15/content_5660938.htm。

力又不同于流水线工人的加工能力,它是虚拟的,抽象的,不可量化的,因为书稿是知识的载体,而不是具体的零部件,不同的书稿有各自的特殊性而不是整齐划一可计量的,出版社是文化单位而不是一般的生产部门。这就导致出版人才的培养也具有虚拟性和不确定性,培养水平和培养效果也是难以量化、难以类比的。

一、出版社人才引进与培养的优势

很长时间以来,出版社都是高端和专业的代名词,图书编辑也被视为人类灵魂的工程师、精神产品的生产者,几乎像教师等职业一样,在求职者心目中通常占据着相对神圣而庄严的位置。然而目前教师的就业门槛日益提高,特别是高校教师,除了一些紧缺人才的专业以外,博士学历似乎都成了最低要求。怀揣着当老师的梦想的求职者,面临学历门槛和费用高、时间久的求学压力,很多都望而却步。相比之下,出版单位的学历门槛较高校低,对于想要从事学术性、文化知识性强的工作的求职者来说,是一个不错的选择。特别是近年来,随着书号资源的调控,出书变得昂贵且受到局限,出版行业的从业者地位有了一定程度的提高,在某种程度上为出版社吸引人才起到了一定的助力作用。能够为专家学者们出版著作,这本身就是一项神圣的工作,为专家学者所尊重,这是出版行业从业者的荣耀,特别是为老一辈的人所称道,这是令求职者向往的一个因素。

笔者所在的大学出版社和其他出版单位的人才引进与培养有一定的共性。然而两者相比,大学出版社还存在着一些独有的优势。

首先是人才流通方面的优势。

一方面,出版社为高校提供便捷畅通的就业渠道。出版社与高校众多院系的教师及管理人员通过出版等事务建立起相对密切的联系,这为高校每年的优秀应届毕业生提供了一条便捷的就业渠道。大学出版社出版的产品学术性强,许多学科知识均有所涉猎,这就要求人才有多种不同的学科背景。背靠一所学科覆盖面广的综合性院校,各个学院的毕业生云集于此,恰好能符合这一需求。尤其是设有编辑出版专业的高校，其输出的人才更能直接服务于出版行业。出版社不仅可以通过招聘、招收实习生来吸收人才，也可以请求相关院系推介优秀人才来社工作，以缓解某一学科人才短缺的燃眉之急。人才引进的渠道相对灵活。

另一方面，从高校毕业后直接走进其附属的大学出版社工作的毕业生，对学校相关学科的教师和科研情况等相对熟悉，对于开发选题来说更是个独特的优势。从高校走入出版社的编辑可以充当高校和出版社中间人的角色，将适合的学术成果引进出版的便利程度相对更大。高校培养的出版人才通过提供出版资源来传播高校的知识成果，实现了对高校科研与教学的反哺。

其次是知识共享方面的优势。尽管出版社已全面市场化，作者拥有根据价格和需要任意选择出版社出版自己著作的权利，但大学出版社依托大学这个重要的知识生产和传播基地，还是有着得天独厚的地缘优势。来自大学的作者在大学出版社出版各类学术著作便于与编辑随时沟通，高精尖的学术成果可以得到更便捷的传播。文字编辑便是书稿的第一读者，与这些专业学者保持联系，便于工作中随时沟通，有助于及时解决书稿中的知识性问题，潜移默化中获取新知。学术上这条便捷的互通渠道，有助于高校和出版社互利共赢。

二、出版社人才引进与培养面临的困境

当前，出版社在人才引进与培养上面临着一定的困境。

随着社会的发展和就业政策的不断变化，人们的择业观念也在变化，一个显著的特征就是对工作不再从一而终，人员流动性越来越大，正所谓"树挪死，人挪活"。对于编辑这一职业而言，从新人成长为成手绝不是一朝一夕的。成长期频繁流动，既不利于编辑自身的发展，同时也对出版社的工作流程造成破坏。从近年出版社的实际情况看，人员流动呈现越来越频繁的趋势。其原因，笔者主要归结为以下两方面。

首先，从业意愿不强。新媒体的飞速发展，的确使传统图书市场受到了一定程度的挤压，随之而来的是"编辑无用论"甚嚣尘上，编辑在大众心目中的地位也受到一定影响。应届毕业生一旦了解了当前的编辑工作模式，很容易就把编辑排除在首选职业的清单之外。应聘人员的简历和招聘过程中被面试者的言语大都流露出这样的心态。不同学科背景的求职者，就业意向往往都有固定的"主流"模式。除了众多学科毕业生普遍追求的教师、公务员以外，外语专业的毕业生就业多倾向于外贸公司或机关等部门的翻译，理工科专业的毕业生多倾向于与专业相关的研究院或企业的研发中心等，这两个方向选择做编辑的比例十分有限。相比之下，人文社科类的毕业生选择出版行业的略多，但他们的就业面更广，可能只是"广泛撒网"，恰巧被出版社选中，算是暂时缓解一下就业压力，后期人文社科类编辑的流动性却是最大的。即便是前面提到的新闻出版专业，来出版社应聘的也微乎其微，出版社虽然需要出版专业相关知识，但由于大学出版社书稿大多专业性极强，文字编辑恰恰更需要与书稿内容相关的学科背景，新闻出版专业和编辑似乎显得不那么"对口"了。总之，出版社不再像老一辈人眼中那样是一个仅次于高校的神圣之地，首选出版社的应聘者凤毛麟角。兴趣是最好的老师，入职意愿不强的员工，即使"运气好"被招入出版社，工作动力自然也不会太强，远期职业规划和稳定性就更无从谈起。出版社人才培养从引进人才的入口环节就面临困境。

其次，从业要求较高。出版内容的丰富性要求编辑成为"杂家"，不仅要谙熟出版行业的种种规则，还要具备广泛的专业知识，即便不能做到"样样精通"，也要"略知一二"，编辑需要不停地学习。新编辑在实习期就要学习国标、行标，还要开始着手处理棘手的编校实践工作。特别是大学出版社，书稿的学术性偏强，难度偏大，工作更显得乏味。另外，出版的市场化、行业的竞争等，造成编辑的工作量与日俱增。而巨额的工作量，也让新入职的编辑望而却步。如今，图书质量检查日益严格，意识形态问题更是摆在了越来越重要的位置，对编辑的要求越来越高，既要有合格的文字水平，又要有足够高的工作效率，还要有吃苦耐劳的意志品质，更要有过硬的政治素养。然而与此相对应的工资收入却没有明显的增加。尽管书号调控让书号资源变得适度紧张，出版费用有了一定的提高，但是出版行业的利润空间依然在不断压缩，其赢利模式决定了其利润跟当前一些新兴行业包括新媒体行业是难以相提并论的。而新入职编辑的工资往往处在社内较低水平，其中一些人还承受着租房或还贷等资金压力，很多新编辑因为入不敷出，无法用当编辑的收入养活自己，在实习期满甚至实习期间就毅然选择离开。这些因素越来越严峻地考验着新入职的编辑，使得通过实习期后选择留下工作的编辑越来越少，人员的流动性也越来越大。一旦有更为轻松安逸、收入可观的工作，就很少有人再愿意留在出版行业打拼了。这是目前面临的一个残酷而尴尬的现实。

新编辑入职之后，就面临职业发展的问题。编辑的成长离不开过来人的传授，但更多依靠自己的努力和悟性，不断积累，以便完善自己的知识结构。各个出版社情况不同，对于新入职编辑的培养也有不同的形式。有的出版社新编辑入职后完全靠自学，这样出版社培养新人的人力成本和时间成本大大节约，然而新编辑的成长周期显著延长，可能在入职后很长一段时间编校水平都得不到显著提高，影响工作效率和绩效水平。有的出版社则制定了较为系统的新编辑培训方案，设有专门的培训人员甚至培训部门，或者外聘出版行业的专家，针对新入职编辑进行系统培训，或配备资深编辑，采取"老带新"的模式帮助新编辑成长。这样新编辑可以在较短时间内有重点、有针对性地掌握一些关键性知识，少走一些弯路，更快进入工作流程。只是出版社要为此付出一定的人力和时间成本，因为系统培训涉及的内容浩如烟海，既要讲究由浅入深、循序渐进，又要讲究全面系统，尽可能覆盖到所有常见的问题。从事过编辑行业的都了解，要想把这么庞大的知识体系传授给新人，绝非一件容易的事，不可能一蹴而就。如果实习期新编辑陆续离职，所有的笔试、面试、培训等环节的投入则失去价值。一些员工出于稳妥的考虑，离职前通常毫无征兆，一旦新岗位敲定便突然辞职，让出版社措手不及。新编辑在培训期间或结束后不久就离职，使得前期培训投入的大量人力和时间资源付诸东流，且在职时间极短的新编辑没有为出版社创造多少价值,甚至将处理得质量不理想或进度不完整的书稿遗留在社里,出版社就需要抽调其他人接手,给社里带来额外的负担,并影响了出版进度。虽然员工个人的选择无可厚非,但这无疑影响了人才培养的连续性,也极大挫伤了出版社人才培养的热情。

前面提到,编辑是需要终身学习的职业,光有入职培训是远远不够的,日后的工作中还要不断丰富和完善自己的知识体系。国家对编辑开展的继续教育可以说是终身学习的重要途径,然而编辑涉猎的知识实在太庞杂,覆盖面又极广,大面积的培训很难面面俱到。编辑在每一天的工作中都会接触新知识,又有可能忽略和遗忘,同时获取知识的途径不同,知识里面可能真伪混杂,难于辨识。每个人都有知识的短板,需要相互弥补。从工作实践来看,每一个编辑改稿都或多或少带有自己的特点,一百个编辑处理同一本稿可能会得到一百种不同的结果。沟通和学习恰恰是消弭差异、弥补短板的过程。然而编辑的工作压力与日俱增,编辑每日被书稿紧紧缠住,留给学习和交流的时间必然受到挤压。迫于出版周期的压力,部分社内培训和交流活动被迫缩减,这不利于编辑的成长。

三、关于出版人才引进与培养的一点思考

新时期,人们对出版行业的认识和就业观念都发生了很大的变化。顺应时代的变化,留住人,并把人培养好,是一项艰难而复杂的系统工程。

提高待遇、减小工作压力是留住人的重要途径,然而对于出版业而言,这谈何容易!近年来政策的不断优化在客观上增加了出版物的含金量,也就在一定程度上间接提高了编辑的待遇,减轻了工作强度,但同时,要提高编辑工作的价值量,让编辑工作事半功倍,也需要出版社从选题结构甚至产销模式上做出一定的调整,特别是在相对固定的选题结构中取得突破,走出一条新路,这是摆在出版社管理者面前的一道难题。

除了生理上的工作疲劳以外,心理上的压力也不容小觑。新编辑入职

后面临的种种出版规范和绩效考核制度,本身就会造成极大的心理压力。学习和遵守规则固然重要,但一味强调各种各样的"规则""处罚"等,无疑会加重编辑的心理负担,想留下的编辑会患得患失,影响工作热情,犹豫徘徊的则可能决意离开。培训的同时,信心的树立尤为重要。发掘并弘扬新人身上的闪光点,使其取得成就感,对于促使其长期工作、快速成长十分重要。快速掌握各类标准对于新入职的编辑来说绝非易事,强调短时间完全消化吸收并不现实,要强调"干中学"的思想,不急于求成,而是不断在实践中强化知识,循序渐进,水到渠成。

此外,工作氛围也对人才的去留有着重要的影响。如果老编辑迫于工作压力,整天沉浸在自己的稿海当中,与新编辑缺少甚至没有交流,新编辑入职几年都与老编辑互不熟悉,就会极大削弱新编辑的归属感,使之觉得难以融入这个大家庭,不利于工作状态的改善和留下来长期工作意愿的增强。在保证工作的基础上适当多举办活动增进交流,有利于新员工感受到集体的温暖,增进工作动力,提高工作效率,正所谓"磨刀不误砍柴工"。

出版工作的性质和社会环境共同决定了当前出版社人才引进与培养有着新的特点。如何顺应新形势,更新理念,探索一条行之有效的选人、用人、留人之道,实现编辑人才与出版社的共赢,值得每一位同人深思和探索。

参考文献

[1]张立科.对新时代骨干编辑人才培养的认识与思考[J].中国编辑,2022(4):72-76.

[2]邓婧,何婧,朱娜.智能出版时代学术期刊编辑人才转型困境与培养路径[J].传播与版权,2022(5):35-37.

[3]刘红.论新时代背景下复合型编辑人才的培养[J].出版参考,2022(1):8-10,16.

关于新编辑入职培训课程体系设计的思考

编辑是一个学习型的职业,因为编辑工作时刻离不开各种各样的知识,离开了学习就很难做好这项工作,更难以很好地成长。这就决定了新编辑入职培训工作的重要性。由于需要掌握的知识庞杂晦涩,培训课程的设计也并不简单,形成完整成熟的体系很难一蹴而就。在此,笔者结合出版界同人的经验介绍以及自身从事新编辑培训工作的点滴经验,简单谈一谈新编辑入职培训课程体系设计的思考。

一、由整体到局部

新编辑入职后,首先需要了解出版行业是怎样的,编辑工作都需要做什么,怎样做,需要学习什么,怎样学,小到对整个培训期,大到对整个职业生涯都应有一个整体的认识。因此,首先需要设计编辑工作概述等课程,重点开展职业属性及要求、工作内容及性质、所在单位基本情况、知识体系等方面的介绍。此外,如《中华人民共和国著作权法》《中华人民共和国产品质量法》《图书质量管理规定》等法律法规的思想需要在课程中加以贯彻,树立规范意识。培养使用《现代汉语词典》《辞海》等工具书的习惯。

了解过宏观整体的情况之后,就需要针对编辑工作的实际,开展微观局部的培训。与编辑工作关系最密切也最需要下功夫掌握的就是编校知识。有关编校知识的书、系统理论种类很多,但最根本的还是法律法规、国家标准、行业标准等。将最根本的作为出发点开始学习,一来可以避免泛泛阅读产生的迷茫和倦怠,二来可以少走弯路,一步到位树立规范准确的编校知识体系,实现工作的规范化。例如,《图书编校质量差错判定和计算方法》

（CY/T 266—2023）、《信息与文献　参考文献著录规则》（GB/T 7714—2015）、《标点符号用法》（GB/T 15834—2011）、《出版物上数字用法》（GB/T 15835—2011）、《汉语拼音正词法基本规则》（GB/T 16159—2012）等与各个学科编辑的编校工作都密切相关的国家标准可以分别开辟专门的课程进行讲解。

标准的讲解不同于读标准。特别是有的标准内容较长，直接读标准枯燥，且难以让新编辑抓住重点。一方面可结合工作实际加以横向扩展，解读出某一条规定是什么意思，怎样是正确的，怎样是错误的，为什么这样规定，好处是什么，甚至拓展一些相关的其他权威资料的推荐意见，等等；另一方面可结合已经废止的旧标准展开纵向比较，找出新标准和旧标准的变化在哪里（通常也会体现在标准的前言中），这样的变化恰恰体现了标准修订的意图和动向，新增内容往往都是需要关注并重点掌握的，删除内容则往往意味着过去某些习惯做法不再被认可，同样需重点关注并加以避免。这样的内容，只从新标准的字面上是很难读出来的。这样深入浅出、详略得当地讲解才能使枯燥单调的标准变得立体和生动，有助于理解和记忆。

此外，学习法律法规和标准，不仅要学习其中的内容，更要树立标准意识，有问题查标准、查规范，标准、规范能解决的问题自己查找，不仅有助于加深印象，而且有助于避免他人凭记忆和经验解答带来的偏差。人的记忆总是不可靠的，只有查找第一手资料才最可靠、最值得信赖。

二、由浅入深

新编辑入职培训期间需要在短时间内接触大量的知识，学习强度比较大。为了便于接受，在系统介绍过宏观知识之后，微观知识课程应该按照由浅入深、循序渐进的思路安排。例如，基础性的《校对符号及其用法》（GB/T 14706—93）以及比较简单的《标点符号用法》《出版物上数字用法》等相关标准可以安排得比较靠前，《信息与文献　参考文献著录规则》等相对复杂的知识可以稍后安排。内容体系更复杂、专业性较强的知识，如《国际单位制及其应用》（GB 3100—93）、《有关量、单位和符号的一般原则》（GB 3101—93）、《量和单位》（GB 3102—93）等（其中 GB3101—93、GB3102—93 已于 2017 年更改为推荐性标准）可在后期安排，或者根据新编辑的学科背景有侧重地分别讲授。

有一些知识相对抽象，重在培养一定的能力，理解起来有一定的深度，且需要一定基础知识的积累，比如政治敏感性的提高、出版导向问题、书稿的审读、选题策划、图书的设计和印制、图书的发行、质检的申辩等，可以安排在新编辑入职培训的后半段，或者间隔一定的时间，新编辑有了一定的工作积累后再来理解。当然类似政治敏感性这样比较重要的内容，不妨在开始就渗透一些，树立初步的意识，待知识有一定的积累之后再系统介绍，以便更好地理解和接受。

内容相对简单、使用相对不频繁但同样很重要的《中国标准书号条码》（GB/T 12906—2008）、《图书在版编目数据》（GB/T 12451—2023）、《图书书名页》（GB/T 12450—2001）、《图书和其他出版物的书脊规则》（GB 11668—89）等可以在宏观介绍中渗透，也可结合图书设计课程系统讲解。

三、理论联系实际

编辑培训课程不同于编辑出版学专业课程，它面向的是实际工作，应密切联系实际，讲方法、思路，减少基础理论的传授。否则，不仅对实际工作指导意义不大，而且枯燥乏味，影响新编辑进一步学习和工作的积极性。在理论学习的同时，应结合所学知识安排实际的基础性编校工作，如校对、核红、查引文及参考文献、调研图书市场、搜集资料等，这样有助于加深对理论知识的理解，并用其更好地指导实践，让理论和实践相得益彰。

编辑工作的严谨性要求编辑的实操过程也尽可能规范化、标准化，避免带入个人主观的理解和习惯。在实际进行校对等工作时，可以经常开展交流讨论,纠正认识上的误区,对校对的稿件公开展示并讨论,指出其中误改、漏改等情况,并给出相应依据,以便加深印象,并提高效率,少走弯路,尽快驶入正轨。此外,可根据培训进度专门安排编校差错举例的课程,也可贯穿在标准的讲解中,把真实存在的错误展现出来,让发现错误和修改的过程更加具象化,把理性认识和感性认识结合起来。

四、内外结合

新编辑培训主要依靠社内力量,因为结合自己单位的实际情况来开展培训更具有针对性和实用性,能让新入职编辑更快"上手"。但内部力量也存在局限性,如视野不够开阔、站位不够高、信息不够新等,这时可以借助外部力量进行补充,如聘请业内专家来社授课,与老编辑共同参加继续教育等,以便打破局限,吸收更丰富、鲜活的知识。

总之,新编辑入职培训是编辑生涯的开端,也是不断学习知识的开端,这一阶段不光要学习基础知识,还要培养终身学习的意识和良好的学习方法,边干边学,不断积累。这就注定了新编辑培训不是一个稀松平常的工作,里面大有探索的空间。

浅析继续教育之于出版行业的意义

文化的发掘和传播是我们出版人的使命，特别是新时代，文化自信、弘扬传统文化等的呼声日渐高涨，对我们出版人提出的要求也越发提高。习近平总书记在二十大报告中提出"推进文化自信自强，铸就社会主义文化新辉煌"的战略任务。2023 年 6 月 1 日至 2 日，习近平总书记到中国国家版本馆和中国历史研究院考察调研、出席文化传承发展座谈会时再次强调："要坚定文化自信、担当使命、奋发有为，共同努力创造属于我们这个时代的新文化，建设中华民族现代文明。"①这些关于文化的论述，也是赋予我们出版人的新使命，我们深感责任之重。

如何做好出版工作者，挖掘和传播好优秀文化？从编辑的角度讲，一个重要的前提就是学习。俗话说，编辑是活到老学到老的职业。这说明编辑的成长离不开学习，一旦停止学习，头脑中不再补充新知，编辑工作也就难以为继。通过什么途径来学习？工作中自学是必不可少的，自学能力也是编辑不可或缺的，但光靠自学，对于编辑这样一个要求标准化的行业来说，不容易达到思想上的统一。继续教育可以说发挥了不可或缺的作用。在此，笔者从不同的角度将继续教育分为宏观和微观两个层面，试析继续教育对出版行业的意义及面临的问题。

一、上层与基层

国家新闻出版署、人力资源社会保障部印发的《出版专业技术人员继续

---

① 《赓续历史文脉　谱写当代华章——习近平总书记考察中国国家版本馆和中国历史研究院并出席文化传承发展座谈会纪实》，https://www.gov.cn/yaowen/liebiao/202306/content_6884447.htm。

教育规定》（以下简称《规定》）自 2021 年 1 月 1 日起施行。《规定》进一步丰富拓展了出版专业技术人员继续教育渠道方式，对继续教育形式和学时认定采取了更为灵活多样的方式，明确出版专业技术人员参加继续教育的时间每年累计不少于 90 学时，其中专业科目学时一般不少于总学时的三分之二。关于学时折算方面，充分考虑出版专业技术人员工作的特殊性，明确了具体的学时计算标准，规定了不同类型继续教育形式折算的学时数，为出版专业继续教育学时管理更加科学规范提供了依据。

从继续教育开展的层面和范围看，既有国家和省、自治区、直辖市举办的宏观层面的继续教育培训，也有出版社内部组织的微观层面的培训。宏观和微观结合，相互弥补，有利于补足编辑的知识短板，全面了解行业动态。

其中国家层面的培训除了网络培训以外，还有质检中心、中国编辑学会等不同的机构组织的培训会议。相比之下，网络培训受众范围广，学习内容选择性强，但缺乏互动和交流，有时受限于技术原因，视频音质、画质不够高，影响学习效果，且线上学习，学员的状态往往不如线下。培训会议可以做到分门别类，根据不同的受众侧重于不同的授课领域，线下互动交流效果好，但规模有限，受众面相对较窄，属于自愿报名，报名人数受限，且将全国各地的学员集中起来存在困难。省、自治区、直辖市举办的继续教育培训可以实现线下互动交流，受众面广，且可以结合当地特点调整培训内容，但聘请权威授课专家存在一定难度。总体上来看，宏观层面的培训视野更开阔，有利于掌握前沿发展动态，及时更新知识储备，快速调整出版工作的方向，但由于面向较大范围出版工作者，针对性有时可能不够强。

微观层面，出版单位组织的继续教育逐步引起重视。与宏观层面的继续教育相比，出版单位对每位员工的情况更了解，继续教育的内容和方式可以更具体、更有针对性。例如，可以就行业最近的动态、标准等举行讲座，将信息传达给相关部门；也可以就社内常见编校差错等举办错例分享会，使员工有则改之，无则加勉；还可以组织交流讨论会，分享工作经验，互通有无；等等。继续教育的范围也可以更加灵活，可以针对一个部门，甚至几名员工开展针对性的教育、培训、交流，以便快速高效地提高员工业务能力。当然，出版单位组织继续教育与讲授者的业务能力关系很大。出版单位信息是否畅通,政策导向传达是否准确到位,业务讲授是否掺杂个人的偏好甚至暴露知识短板造成错误,都会影响继续教育的质量,甚至影响到整个出版单位相关员工的工作成效。出版单位组织的继续教育,需要权威精准的内容和标准化的讲授者。

二、导向与业务

从继续教育的内容看,大体上也可以分为宏观和微观两个层面,即宏观层面的导向培训和微观层面的业务培训。

出版行业向来强调社会效益优先,这是其传播优秀文化、提供精神养分的使命决定的。近年来,全社会越来越强调出版物的社会效益,政治导向方面的要求越来越高。编辑要想把握最新、最前沿的导向,了解足够的政治常识,甚至具备过硬的政治素质,除了注重自学和积累以外,关于政策导向的继续教育也是不可少的。它可以让出版行业的从业者找准大方向,把好出版物的政治关,一定程度上快速弥补政治知识短板,避免个人自学自悟造成的偏差。出版行业不论哪个专业的编辑,政治素养都是必不可少的,因此这一类的继续教育受众范围最广,适合在宏观层面开展。不过,政策导向不断变换,需要注意的问题林林总总,特别是敏感问题多,继续教育经常难以做到面面俱到、细致入微,涉及具体问题,常需要依靠政治敏感性去发现,靠编辑动用自己的政治理解力去判断和处理,而不像知识性问题那样通常能找到较为明确的是非判断标准。这也是出版物中政治问题灵活、敏感、隐蔽、不易处理的一方面原因。

业务方面的继续教育相对来讲更加具体、详细。编校常识方面,字词、语法、国家标准、行业标准等适用范围较广的继续教育内容通常较为成熟,这些方面的培训从上层到基层开展得较多,知识盲区相对少一些。而编校问题中比较隐蔽、不易发现和处理的是知识性问题。图书传承知识的使命决定了图书内容涉猎范围极广,可以说无所不包,发现和消灭知识性差错,最有效的方法是依靠相关专业的编辑甚至专家学者。作者负责把关内容,编辑负责把握出版规范,这样分工看似明确,编辑只要拥有足够的政治素养,掌握好基本的编校常识就够了,然而编校差错中"知识性差错"的定性就决定了,这个差错的发生最终还是要追究编辑的责任,编辑只懂出版规范是不行的。知识迭代速度惊人,日新月异,体量庞杂,分化越来越细致,专业知识掌握得再好的编辑,能把最前沿、最尖端的本专业知识都学尽、学透,也几乎是不可能的事。因此,在专业知识的丰富和延伸这一方面,继续教育几乎是无能为力的。它无法做到面面俱到,因此各领域的编辑对专业知识的掌握、对知识性差错的判断,只能靠自己的学习能力和质疑精神了。

总的来看,不同层次、不同方向的继续教育各有优势和劣势,须互相弥补,相得益彰。对待必须完成的继续教育,有必要克服消极被动的心态,保质保量按时参加;自主报名的继续教育则需根据个人的工作方向,有选择性、有针对性地参加,提高自己工作领域的专长。宏观和微观并重,既注重宏观导向,也抓好技术细节。对于继续教育的举办者,有以下几点建议:国家层面的继续教育需保障内容的权威性、时效性,及时将最新的政策、动态传达给基层出版单位,确保各出版单位及时准确把握大方向,规避出版禁忌,拨正出版导向;基层单位的继续教育则需注重针对性、实用性,具体到个人,找出差距并补足短板,提高继续教育的效率,从而切实提高出版物质量,避免流于形式、应付差事。编辑的成长之路是不断学习之路,继续教育作为编辑学习的主要手段之一,其重要性不言而喻,而搞好继续教育工作需要宏观、微观不同层面通力合作,共同努力。

参考文献

[1]陈丹,李桑羽.聚焦编辑继续教育 服务出版强国建设[J].出版参考,2022(6):1.

[2]缪立平.再谈编辑继续教育[J].出版参考,2022(6):4.

[3]陈汉轮,毛红霞.我国编辑继续教育政策演变、突破与建议[J].中国出版,2022(6):51-54.

理论探索篇

图书编校质量差错判定和计算方法的新变化

近年来,国家对出版物编校质量的要求逐步提高,图书编校质量检查也成为出版行业中一项越来越重要的工作。在此背景下,各出版单位也都对所出版的图书的质量给予了越来越多的重视。图书质量检查是一项科学严谨的工作,自然离不开标准和规范的约束。为了适应图书编校质量检查的不断发展,相关的标准和规范也在不断系统化、具体化,这是图书质量检查工作规范、严格、健康运行的保障。

在 1992 年新闻出版署颁布的《图书质量管理规定(试行)》基础上几经修订,2005 年 3 月 1 日起实施的《图书质量管理规定》后附有《图书编校质量差错率计算方法》,多年来图书质量检查所依据的主要就是《图书编校质量差错率计算方法》。此外,中国出版工作者协会校对研究委员会制定的《图书编校质量差错认定细则》也在指导图书编校和质量检查方面发挥一定作用。

鉴于出版行业的变迁和实际操作中体现出的问题,关于图书编校质量检查的标准呼之欲出。从 2018 年起,经过了预研、立项、起草、征求意见四个阶段,历时五年,行业标准《图书编校质量差错判定和计算方法》(CY/T 266—2023)于 2023 年 6 月 16 日发布,并于 2023 年 8 月 1 日起实施。该标准将《图书编校质量差错率计算方法》《图书编校质量差错认定细则》中规定的差错认定和计分方法等进一步细化,可操作性更强,是图书质检参考标准发展的一个新阶段。以下从几个方面谈一谈该标准在操作方面的一些变化和对编校工作的影响。

第一,该标准是以《图书编校质量差错率计算方法》为依据制定的,其中的差错率计算方法、字数计算方法基本沿袭了《图书编校质量差错率计算方法》,并做了细微的调整,例如:取消了"正文中……插图占一面的,按正文满版字数的 20% 计算字数"的规定,将图书辅文部分图片页和以图片为主的图书的字数计算方法统一起来;对纯曲谱图书,新增了"每面曲谱行数在 11 行及以下的,可以一个印张 1.7 万字为基数计算字数;每面曲谱行数超过 11 行的,每多 1~5 行,可按一个印张增加 0.85 万字计算字数"的规定。

第二,该标准以表格的形式,将错误的类型归结为三大类,即"文字、图片差错""符号差错""格式差错",查找起来更为简捷,便于操作。差错计分方法也基本上沿袭了《图书编校质量差错率计算方法》,并对其分类整理,将计分方法统一标在表格右侧栏中,便于对应查找。合并计错的方法总体上沿袭《图书编校质量差错率计算方法》,但略有调整,如对标点符号差错计分规定了上限,既有利于保障图书质检结果的合格率,也便于质检人员操作。

第三,该标准在遵循《图书质量管理规定》《图书编校质量差错率计算方法》中规定的计分方法的同时,也对《图书质量管理规定》《图书编校质量差错率计算方法》中未提到的一些具体的情形加以举例,并区分情况计不同的分值。例如 1-8"相关文字不一致"中"3. 图表中个别文字或数值信息与正文不一致"的情况,每处计 1 个差错,而 1-12"图、表的内容与说明文字不符"则专门针对图表与正文不符的问题,每处计 2 个差错,包括:

1. 图、表所表达的主要内容与文字叙述内容不一致;
2. 图注、表注与图表内容不一致。

这就区分出了图表与正文中不一致的不同情形,分出了计错的梯度,但具体掌握计分标准的时候容易出现模棱两可的情况。每个表格均有注释称，差错描述为判断差错类型提供参考，包括但不限于表中给出的描述，就是说明具体问题需要具体分析。某些差错认定往往会因人而异，这就需要凭借质检人员的经验，本着"就低不就高"的思想妥善处理。

第四，"文字、图片差错"中增加 1-9"不规范或不当表达引起的倾向性问题"一项，规定每处计 2 个差错，并列举了四种情况：

1. 涉港澳台表达不规范；
2. 涉民族、宗教表达不规范；
3. 涉边疆地理表达不规范；
4. 以未成年人为对象的图书中含有不利于未成年人健康成长的表述或图片。

一直以来，图书中的倾向性问题的把握存在一定的困难。此类问题较为隐蔽、灵活，容易遗漏，每个人对此类问题的判断标准不一致，也自然影响对图书导向的判断结论。一旦出现问题，往往面临图书下架、销毁，责任编辑和出版单位受到处罚等风险。该标准中把"不规范或不当表达引起的倾向性问题"作为一个差错类型列举出来，并规定每处计 2 个差错，实际上让此类问题的处理有了一个抓手，更为规范合理，让处罚不至于过重。当然，对于造成恶劣影响的严重问题，出版单位和责任人还是难辞其咎，还是应当引起编辑的高度重视，不能因为只是每处计 2 个差错而忽视。

第五，互联网时代，由于信息更新速度快及信息传播影响力日趋增大，该标准更加强调信息的实效性和科技名词的规范性，较《图书质量管理规定》《图书编校质量差错率计算方法》新增了以下两项。

1-7"科技名词差错"，每处计 1 个差错，具体指工具书、教材教辅、科技图书，使用科技术语不符合国家有关机构审定公布的规范词。

1-13"不当使用已废止的标准或陈旧资料"，每处计 1 个差错，由于不当使用造成知识性错误的计 2 个差错。包括：

1. 不当使用已废止的法律法规、标准规范;

2. 使用应该更新而未更新的数据;

3. 使用旧名称,且没有相关说明。

作者写作时间和认知水平会对书稿内容的时效性和准确性产生影响。这就要求图书编辑有更强的信息更新意识和规范意识,充分借助互联网,认真查找资料,准确核实,确保书稿中信息的及时和准确,避免出现这两类差错。

标准的细化和变动,编辑和质检人员都要充分熟悉。编辑需密切关注易错点,尽全力消灭差错,尤其是计错多的重点差错;质检人员则需熟悉差错类型和相应的计分规则,对图书差错率做出科学合理、公平公正的评判。图书质量的提升不是一蹴而就的,需要编辑、质检人员、出版单位及作者共同努力,扫除障碍,合力打造符合标准的高水准出版物。

文献类图书编校难点初探

——以"东北文学大系"为例

根据《现代汉语词典》,文献是指有历史价值或参考价值的图书资料。将浩如烟海的文献分门别类整理成书,无疑具有极其重要的研究和收藏价

值。从研究和考察的角度,文献类图书要求尽可能还原文献的真实面貌,特别是语料库语言学研究,对文字还原准确性的要求很高。但同时,文献类图书也是当今的出版物,受到《图书质量管理规定》等出版规范的规约,编辑加工环节负有订正和规范的责任。究竟如何把握好"保留"与"修改"的尺度,是一个难题。此外,不同的文献产生于不同的年代、不同的作者之手,原版出版风格不同,诸多因素导致每一篇资料都是共性与个性并存的个体,在体例上究竟是保留原貌,还是按照统一的格式规范处理,哪些地方保留,哪些地方统一,同样是难题。此外,繁体字、异体字的识别,原文献字迹模糊的处理方式等,都考验着编辑的眼力和脑力。类似的问题还有很多,因此,文献类图书出版看起来容易,不过是"照录",但实际操作起来远不是"照录"那么简单,可谓困难重重。从整理、校异同到编辑加工、校是非……每个环节都会碰到新问题等待解决。

笔者所在出版社推出过《1931—1945年东北抗日文学大系》和《1945—1949年东北解放区文学大系》两套丛书(以下合称为"东北文学大系"),收录了新中国成立之前近二十年间诞生于东北、反映东北或东北作家所写作的多种体裁的文学作品,获得了国家出版基金资助。由于丛书的内容是将当年报纸、杂志、图书等刊登的作品以拍照、扫描等方式提取并转录而成的,因此文字处理工作较为繁杂,难度大,耗时长,在很多环节均出现过新的问题有待解决。下面根据笔者参加校异同、编辑校对以及质检等过程中发现的种种问题,从不同环节、不同角度谈一谈编辑此类图书遇到的难点问题。

一、素材收集、整理

"东北文学大系"收录的原始素材散见于图书馆、档案馆、资料室、个人收藏馆等多种场所,收集起来难度很大。原始文献较为珍贵,只能通过拍照、扫描等方式将内容复制下来。这样虽然会有一定的失真情况,影响辨认,但能保全珍贵的原始文献,使之免遭损坏。有的作品找不到原始文献,只能通过后期整理出版的图书转录,这样经过一次转载,错漏的情况很多,难以最大程度还原作品本来面目,还是以第一手资料最有价值。有的作品不完整,只有残篇,要么保存不当部分遗失或损坏,要么原作就未完成,史料价值和文学价值都打了折扣。在那个动荡的年代,创作、文字等各方面都缺乏一定的规范,因此有的作品本身错漏较多,体例混乱,影响阅读和表意,或者内容价值较低,格调不高。有的作品出版过不同的版本,各种版本之间有的存在很大的差别,收录时还需仔细对比。针对原始文献存在的种种问题,要对这些来之不易的文献进行细致的甄别和筛选,优胜劣汰,以保证收录内容的质量。前期工作投入了大量人力物力,广泛动员,力争覆盖面广,代表性强。

二、录入及校异同

收集到的素材不能直接出版,需要将图像中的文字录入计算机,转换成文本后才能编辑。录入的工作可谓繁重枯燥。录入主要采用了两种方法——人工录入和文字识别录入。人工录入速度慢,耗费人力,对于繁体字且清晰度较低的文本,只能采用此方法。不过人工也难免存在疏漏,易出现多字、少字、多段、少段、认错字等情况。文字识别录入过程自动化,速度快,但不会像人工那样分析判断,一旦原文为繁体字且清晰度较低,识别效果就很差,错误多,甚至无法采用。针对不同的原始文献,采用不同的录入手法,以达到既节省时间又保证质量的目标。

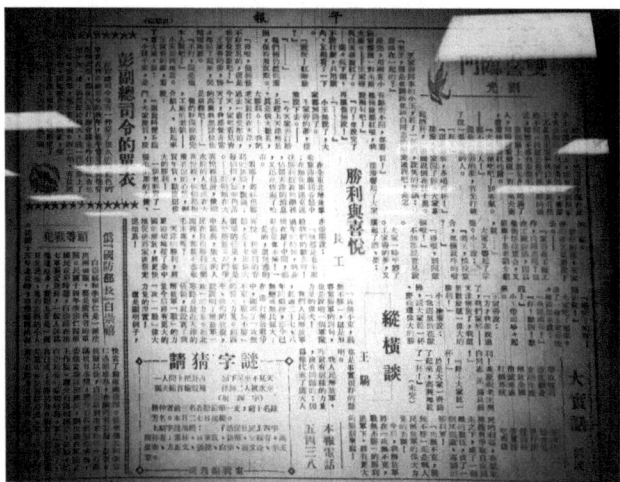

由于录入量大，录入过程中难免出现错误，甚至错误很多，因此必须设置校异同环节，将原文献和录入稿逐字进行核对。由于原文献多为繁体字印刷，竖版编排，且清晰度有限，因此核对起来难度很大，既考验着校对者的眼力和耐力，又考验着对繁体字的识别能力，稍有疏忽就容易遗留错误甚至改正为误。对于原文献中难以辨认的文字，需勤查字典，甚至需要揣测、分析，尽可能找到合理的解释。此环节同样枯燥耗时，且需要编辑来操作，对文字有个初步的把握。实践证明，校异同环节可消灭录入稿中绝大部分的错误，但由于人的注意力、识别能力、耐力等多方面因素，绝不可能完全消灭错误，还会有一成左右的错误遗留在稿件中。

三、编校、质检与统稿

经过前期繁重的准备工作后，编校环节似乎变得容易一些，看起来不像学术著作那样艰深晦涩，也不像普通文章那样需要大段调整，但事实上，"东北文学大系"的编校过程考验着编辑和校对人员的判断力、对标准的掌握程度、对汉字规范的熟悉程度。和普通书稿一样，即使标准再统一，针对同一个问题，不同的编辑也可能会处理成不同的效果。对编辑是考验，对质检和统稿更是考验。

对改稿的尺度把握是一个很大的难题。首先必须分清差错的来源——是录入产生的错误，还是原稿自带的错误。录入产生的错误，无论是校异同环节忽视的,还是这一环节改错的,通常都尽量按原稿还原。这就要求编校过程中要始终不离原始文献,始终以原始文献为出发点,一旦遇到可疑之处,首先查找原始文献。在印前质检中发现,送检稿遗留的错误大多是这一种。而原稿自带的错误,处理起来则要慎之又慎,因为判断标准的细微差别都会使对错误的判定存在差异,是否属于差错,是是非问题还是优劣问题,属于哪一类的差错,是否需要修改……都需要仔细拿捏。此外,不同的文献产生于不同的年代、不同的作者之手,原版出版风格不同,诸多因素导致每一篇资料都是共性与个性并存的个体,在体例上究竟是保留原貌,还是按照统一的格式规范处理,哪些地方保留,哪些地方统一,同样是难题。

下面介绍编辑加工时易出现的典型问题,也是笔者在做质检和统稿时发现的遗留问题。这里大体上将差错分为以下几类:

(一)形近别字

这可以说是"东北文学大系"中出现最频繁也最难以辩驳的差错,质检中发现的"硬伤"绝大部分属于此类。究其来源,经过与原文献核对,大部分属于录入错误,少部分是原稿自带的错误。当时的写作环境下,各方面条件都相对艰苦,有的作品甚至写于狱中,同时又很难具备如今的出版环境,但即便是那样,这类的差错仍然凤毛麟角,其认真程度令人敬佩。

录入错误产生的形近别字,有的明显影响了语义,令人费解,例如"勘丈作晌(垧)""歇响(晌)""年眼(限)""若千(干)""探间(问)""年(庄)稼""本(土)块""莱(菜)蔬""急邃(遽)""这祥(样)""香消玉陨(殒)""士敏士(土)""脑袋(袋)""简真(直)""保脸(险)柜""胸(脚)步""笞(答)应""若(苦)笑""偷(愉)快""维杂(系)""蜻蜓(蜓)""耳杂(朵)""扭拆(折)""坑(炕)头""哼(哼)!"等等(括号中为原始文献的正确字,下同),不胜枚举,其中有一些简化字字形并不相近,但繁体字字形相近,录入时出现错误,例如"虚(处)置""富(当)然""裏(里)边""模(朴)素"等。遇到此类词语感到费解时,一定要勤于怀疑并查阅原始文献,原始文献不清晰的,还要联想一下可能错录为什么字,可能应当为什么字,将字形(包括繁体字形)相近的字广泛联系做出判断。"东北文学大系"绝大部分都是汉字，外文字母极少，但外文录入错误也存在。例如"'KuIa'('Kula')(吆喝意)""'Mu a ge?'('Mu s ge?')(怎么了?)"。偶尔出现的外文大多有解释，且有的根据前后文不一致就能判断出差错，再到原始文献中查找即可印证。此外，一字线"—"和汉字"一"互相错用的情况也很普遍，且极难发现。

还有的形近别字，即使错了也能跟前后文连起来，表面读起来还算通顺，意思上似乎并无大碍，这就给发现错误带来了困难。例如"嗔(愤)怒""他的脸颊(颜)显得凶狠""都线(织)描出自己的老婆的姿态""一张狍(豹)子皮""贼眼迷迷(汹汹)""所要说的语(话)""倒闭(关)在屋内""他通身感到了抖不掉的泥滴(泞)纠缠的困难""脸上飘动(展)着天真的微笑""刺刃(刀)划开""国标(际)""骗(驱)使他开了口""亲(衬)和着爆发的山洪的吼声""另一个尖锐的噪(嗓)音""往腹(复)地奔驰着""坦(祖)露着胸脯"等等。这些错误如果未发现，读起来通常不会被认为是差错，但本着忠实原貌的角度，还是应当尽量改正。

更为隐蔽的情形是，录错字后读起来很通顺，可是根据前后文会发现语义或逻辑上的矛盾。这样的错误，局部阅读很难发现，一旦遗留下来就是隐患，因此需联系上下文深入理解，合理怀疑，不能孤立看个别文字。例如："傻货! 有钱准(谁)干运输队……"，"准干"是一定干，"谁干"是反问，否定的意思，根据前后文理解应为后者；"这年头买(卖)房子谁要"，指房子卖不出去；"我愤(怕)极了"原文意思是害怕而不是愤怒；"他也难(杂)在别的宣抚队中间"指的是夹杂在中间，不是难以在中间；"一条条地从窗橱(棂)跌进来"事物名称不同；"来不及分辨(辩)"，一个指辨认，一个指争辩；"牛羊(样)的眼珠子"是像牛一样的眼珠子，不是牛和羊的眼珠子；"我不吃，你替我拔(泼)了吧"指的是把饭菜倒掉，不是拔；"怯(祛)寒"，分别指害怕寒冷和祛除寒冷；"下腭(颚)"所指部位不正确；"提着两只老母亲(鸡)"则完全不合理甚至荒唐了；等等。此外，"她""他"是一对既形近又音近的字，也是高频错误，一旦录入错误，需要结合上下文判断指代的究竟是谁，用得对不对。这种类型的错误很好地证明，文献类图书的编辑校对仍需要勤动脑分析,仅靠校异同,很难完全消灭其中的隐性差错。

除了录入错误以外,原始文献也难免有错别字,特别是在铅印的时代,检字很容易出现检错或者旋转、倒置的情况。遇到这种情况,从出版的角度,还是应当加以改正或通过注释的方式订正。例如"拉拉红(江)",显然意思不通顺,这时就应当做出判断,加以改正或通过注释的方式订正。

当然,对错误的准确判断很重要,切莫想当然把现如今不常用或编辑自己不知道,但在作品写作年代是规范的、合理的用字当成错别字改掉。

(二)音近别字

由于文字识别录入和人工录入时字形识别错误占主导,录入时产生的音近别字相对来讲不如形近别字多,大多为人工录入时的输入错误。例如"发现有些小伙伴的笔记(迹)";"手执铁杵驱魔杖(障)"是指驱除魔障,而不是手拿着铁杵和驱赶妖魔的手杖。

除此而外,音近别字有很多是原始文献中一些不规范口语化的用法,由于不会写或者没有规范字,用音近字来代替。这是用当前的规范来衡量的,只是当时受到作者知识水平以及规范完善程度、查证便利性等因素所限,很难完全做到准确规范,或者当时根本就没有确定的写法。有的作者还将借用字特意加上了引号,以示其特殊。例如"粘(鲇)鱼""那座(撮)毛发""帽沿(檐)""碎沫(末)""关东山再怎么'创'(闯)""土播(拨)鼠""蹶(撅)起屁股""和霭(蔼)""撑槁(篙)""门坎(槛)""菜樽(墩)""殒(陨)石""苍苍惶惶(仓仓皇皇)""磨(蘑)菇""糟塌(蹋)""擒(噙)着一汪泪水""草茎蔓(漫)过他的腰""扣(叩)着门""变(辩)解""大姆(拇)指""驼(驮)回来""佶倔(屈)敖(聱)牙""烦燥(躁)""小鸟……在她的手尖上琢(啄)""带(戴)着一副包金镯子""驼(陀)螺""石滚(碌)""从蹬(镫)上解脱下来""你擎(赓)等着吧""兵慌(荒)马乱""嘻(嬉)皮笑脸""眼急(疾)手快""毛骨耸(悚)然""红樱(缨)子枪""煊(暄)耀"。这里拟声词用一般意义词语代替的情形比较多,如"拍叉(啪嚓)""呼呼吃吃(哧哧)""擦擦(嚓嚓)地响在纸上""格登(咯噔)""碰(砰)",还有的拟声词误用为动词,如"一咕噜

(骨碌)爬起来"。这些词语当中,有很多其实曾经没有明确的规范用法,意思上也并未影响理解,但考虑到正字和别字之间没有明确的通用关系,按照现代汉语的规范,改正或注释订正较佳。

(三)繁体字、异体字、旧字形

目前繁体字、异体字、旧字形已经不属于规范汉字,作品出版均采用规范简化字,因此这些字形一旦出现就应当修改。有的因为字形相近,还错用成了其他汉字的繁体字、异体字或旧字形,这就由不规范汉字变成了错别字。例如"嚇(吓)""濛濛(蒙蒙)""迷矇(蒙)""袴(裤)裆""小夥(伙)计""覷(觑)""滾(滚)""苦捱(挨)""氷(冰)""永(水)""板発(凳)""髙(高)等""审査(查)""劝告(告)""鬓(鬓)角""冋(回)答""特别(别)""高垅(垄)台""恋栈(栈)""独吞(吞)""每(每)个人""清(清)晰""道德(德)""呐(呐)喊""亊(事)情""狂飙(飚)""抛(抛)下""刹(刹)那"。但是有些未简化字没有对应简化字形,不提倡类推简化,例如"鸞鷺湖"。编校过程中,除了因字形十分相近而忽视以外,对繁体字、异体字、旧字形不熟悉,未意识到不是规范简化字,都容易遗留问题。

(四)旧时通用字

有一些汉字曾经是通用的,但目前没有通用关系,已经不再混用,例如:"响澈(彻)了山谷""碗的周遭圈围着磁(瓷)盘""手帐(账)""不懂人情么(吗)""去罢(吧)""他底(的)作品""去那(哪)里"等等。这样的汉字在现代汉语中须改正,但为了反映当时的语言面貌,可不视为错别字,如果为了理解方便做出修改,那么标准需要统一,避免此处改而彼处未改。

(五)多字、少字、颠倒字

多字、少字、颠倒字的情况基本上都是录入时疏忽且编校时漏掉而遗留的。如果阅读过快,不够细致,很容易遗漏此类问题。例如"日本国主义(日本帝国主义)""老的话(老人的话)""向是没有温情的(一向是没有温情的)""每个人的枪全是双着的(每个人的枪全是双的)""我们绕着山去脚去(我们绕着山脚去)""季伟刚刚慢吞吞地说(季伟刚慢吞吞地说)""吃了三碗大粥(吃了三大碗粥)"等等。除了录入的疏忽以外,还有类似"鹭湖的忧郁(鸳鹭湖的忧郁)"这种文件转换时字符丢失的情况,因为很多发生在成稿之后,因此十分容易忽视。此外,还有成段的重复录入或缺失情况,重复比较容易发现,但缺失内容如果不是很明显突兀的话,就很容易遗漏。

(六)前后不一致或知识性错误

这类错误通常也是录入错误导致的,但是引起的错误更严重。前后不一致的情况需要在编校过程中瞻前顾后,留意周围情况,例如"沈(郑)泽亨""唐老疙/唐老疙地(唐老疙瘩)""腰别了(腰别子)""赵宁义(赵守义)""飞机厂(场)都让人家占领去了""苏式瓦(苏多瓦)""水芥子(水芹子)""李宝贵(李志贵)""老彰太太(老彭太太)""老佣(用)人"。如果单独孤立地看稿,类似的问题就不太容易发现。

不同于虚构的人物、名称,只要做到前后统一即可,知名的人名、地名一旦录入错误,则会导致知识性差错,例如"金钊啸(金剑啸)""傅作仪(傅作义)""袁金鳢(袁金铠)""全稽山(会稽山)""秦(奉)天"等。这就需要了解作品中真实的人名、地名。

(七)标点符号差错

"东北文学大系"中标点符号错误无非分两种:有的是原始文献标点符号使用错误或不规范,因为当时还没有现在这样系统而明确的标点符号使用规范,所以此类问题在所难免;有的则同汉字差错一样是录入的问题。其中,多段引用仅在每段前使用上引号的情况,一旦里面再套用单引号,层级就很容易混乱。此外,形似的标点符号错录也时有发生,如"""错为"「」",","错为".",""!"错为"?"等等。只要消除明显的错误,不影响理解即可,很难做到完全依照当前的规范。

(八)体例格式错误

由于录入稿件中回车命令问题,排版后易造成不当转行(如句子未完即分段)或者不当接排。涉及人物对话的文学作品中,是否分段显得尤为重要。例如:

> "我们是老朋友了! ……"王四麻子回味起过去的生活。"他是个'种粮大户'吧! 黑顶子山有很多地皮吧?"
> "就是为这地皮死的咯……"

转行有误,应为:

> "我们是老朋友了! ……"王四麻子回味起过去的生活。
> "他是个'种粮大户'吧! 黑顶子山有很多地皮吧?"
> "就是为这地皮死的咯……"

否则,"他是个'种粮大户'吧! 黑顶子山有很多地皮吧?"这句话也变成了"王四麻子"所说,影响阅读时对内容的理解。

此外,排版稿中正文汉字的长宽比有所调整,如果命令出现问题,长宽比就会发生变化,扁字变成正常字;正文行距、标题字距有时会发生变化;作品较短,页眉需不断转换,一旦疏漏,就容易和正文标题不对应;各篇作品落款的行文方式、体例格式是否统一,统一到何种程度;……一系列体例格式方面细微而复杂的问题,稍有疏忽就容易遗漏。

(九)辅文问题

不同于"东北文学大系"的正文收录自固有的文献,辅文则为编者等后期创作的,因而要紧紧围绕正文,防止出现不一致的情况。例如丛书的"总序"和各分卷的"导言"出自不同编者笔下,篇幅均较长,且都引用了各分卷中正文很多篇目的部分内容,极易造成引文内容的版本和作品介绍及归类的错误。首先,辅文中引用这些内容时,编者通常参照原始文献,照录过程中可能存在疏忽,导致引文与原始文献不一致;其次,原始文献经过录入和编辑校对,可能已经做了局部修改,与原始文献存在细微差别;最后,总序和导言为不同编者所写,不仅引用的版本可能不一样,而且总序诞生于前几卷出版之时,却引用了尚未出版的后几卷的内容,编辑无从核实,待后几卷出版时又形成了新的导言,同样引用了后几卷正文中的部分内容,如果总序和导言引用了相同的内容,合在一起后引用的不一致就很可能暴露出来。要想做到各部分辅文引用内容与正文完全一致,是件极其复杂的事情。此外,一旦篇目所在分册或类别发生调整,目录甚至总序、导言中对其的介绍也都要相应调整。这些十分考验编辑的统稿能力和全局观念,也是丛书出版容易面临的共性问题。此外,总序、导言与目录的位置,编后记、编辑说明等的设置,也有很多因素需要考虑,如果考虑不周,后期就很难挽回。

除了文前和文后辅文以外,注释的设置也要保证准确,避免出现矛盾或知识性差错。有的原始文献不是很清晰,看不清的文字用方框代替,并加上注释说明此处"原文遗失××个字",但是经过仔细辨认,原始文献的文字可以判定出来,这样就没有必要做此类处理,还是应尽可能还原真实面貌。

(十)改正为误

改正为误是编辑的一大忌。此类书稿的编辑加工中,对文字的修改要慎之又慎,能不改的尽量不要改。如果原文没错,改劣为优,问题倒是不大,但如果因为理解错误或者疏忽,把原本正确的改成了错误的,那就帮了倒忙。

关于"的""地""得"的问题,如果按照当前的使用规范去调整,就要保证正确。如果没有很好地理解语义,就容易改错,例如"另一个在探枪筒地(的)说","探枪筒的"省略中心语,是指探枪筒的人,"探枪筒"不是"说"的状语,原文"的"是正确的,不应该为"地"。"深深地、(,)深深地、(,)迷惑了他",原始文献中逗号是没有问题的,但是编辑都改成了顿号,前面一个还好,后面一个就不合理了。此外,改版时串行也容易造成对其他处文字的误改,此类情况较为普遍,需引起重视。

还有的在修改时没有做到前后标准统一,使得原本用法不算最优但统一的词变得不统一,反而造成了差错。

以上十类问题,是编校本套丛书和质检中发现的典型困难和问题,既有不同类别书稿的共性问题,也有文献类图书的个性问题。遇到了问题是好事,遇到的问题越多,日后解决问题的思路就越多,对问题的敏感度越高。以上总结,既希望与广大同人交流分享,也意在鞭策自己,不要在同一个地方摔倒,将图书质量进一步提高。

刍议化工类图书编辑加工中科技名词的处理

2022年,中共中央办公厅、国务院办公厅印发了《关于新时代进一步加强科学技术普及工作的意见》,并发出通知,要求各地区各部门结合实际认真贯彻落实。作为前沿科技和公众之间的桥梁,科技类图书的语言表述自然离不开科技术语,保障科技术语的准确使用,是使知识便于传播、学术交流更为顺畅的重要基础。因此,对其严谨性、准确性也有着更高的要求。行业标准《图书编校质量差错判定和计算方法》(CY/T 266—2023)指出,工具书、教材教辅、科技图书,使用科技术语不符合国家有关机构审定公布的规范词,计1处差错。

然而,不同学科、不同历史年代、不同地域对同一事物的称呼往往存在很大差别,甚至会产生歧义,因此科技名词的审定和规范化是个极为浩大的工程,全国科学技术名词审定委员会等机构在此方面做出了卓越的贡献。科技名词浩如烟海,科技类图书的编辑即使掌握一定的专业知识,要想对书中的科技名词逐一核实规范也绝非易事。此外,一些科技名词的用法还存在争议,不同的参考依据之间有时存在矛盾,这些都是比较棘手的问题。此外,为了保障科技类图书的严谨性和规范性,术语的统一也不容忽视。然而,统一又是一项极为烦琐和复杂的工作,编校人员不仅需要耐心、细心,还需要对哪些词可以统一、哪些词必须统一、哪些词不能统一有准确的判断并认真求证。

化工类图书是科技类图书中重要的一类,在图书市场中占有重要的份额。因此,该类书稿存在科技类书稿所共有的特征,包括科技名词和符号多、容易出现知识性差错、体例统一工作繁重等。此外,化工类书稿还存在一些独有的特点:化学式、结构式数量多,易出现知识性差错;物质表征测试结果类的线条图多,且图片中的信息易出现错误;化学物质的名称(特别是有机物的名称)烦琐、命名方法多,对物质种类及名称正误判断困难;等等。这些都对编辑工作者的知识储备和判断力提出了挑战,因为稍不留神就可能遗留多种差错。以下就化工类书稿中关于科技名词的一些常见问题和编辑加工过程中的一些心得体会加以简单论述。

一、科技名词的体例统一

化工类图书中科技名词、规范术语含量很大,核实起来并不容易,要对其进行体例统一无疑是一项繁重的工作。其中,学术著作类图书大多包含最新的前沿知识和研究成果,尚未确定的理论多,有待规范的名称多,并且可供查证的资料有限,这些资料中又包含大量的外文资料,给查阅和参考带来了很大的困难。而教辅类图书虽然理论相对成熟,但知识点密集、覆盖面广,也很易出现差错,且一旦出错,影响面将会很大。

化工类图书中化学物质名称有中文和拉丁文等不同的表述方式,书稿中混用的情况比较普遍,加上物质名称多、术语多,体例统一难度不小。从作者的角度看,对于字词和语法的错误,作者在写作的过程中大多会刻意避免,遗留下来的往往只是由于疏忽或文字水平有限而产生的错误,然而对于科技名词的规范化和体例统一,观点则不同。有的作者认为规范、统一与否并不是很重要的工作,操作起来太烦琐;也有的作者认为规范、体例统一不但没必要,而且显得刻板、重复,把一件事物变着花样说才显得语言丰富、水平高深。这些观点与严谨的科学技术类图书的出版规范相背离,更给编校工作者的工作造成了麻烦。科技类图书侧重于传递知识、体现严谨的科学精神,不同于讲究生动唯美的文学作品,要防止语言表达失范影响知识传播的准确性,避免使读者产生误解。

　　一般性书稿中,对同一事物的全称及其不同简称交替使用、中英文表示方法混杂出现的情况通常不会影响理解,但是科技类出版物中全书混用就不够规范,甚至易误导读者。例如表征测试常用的"透射电子显微镜"常简称为"透射电镜""TEM"等;"格利雅试剂""格林尼亚试剂""格氏试剂""Grignard 试剂"指的都是同一种试剂。此外,化工类图书中常见的化学式和中文化学名称也经常混用,如 NaCl 和氯化钠,虽然表述都正确,但类似于数字用法,应当局部体例统一。

　　在化学中,由于命名方法的不同,同一种物质往往有多种不同的名称,例如:"对巯基苯酚""4-巯基苯酚""对羟基苯硫酚""4-羟基苯硫酚"都代表同一种物质;"2,2-联吡啶""α,α'-联氮杂苯""bipy""bpy"也都代表同一种物质;"苄氯""氯化苄""苄基氯""氯甲苯""氯甲基苯""氯苯甲烷""苯氯甲烷""一氯甲苯""一氯化苄""α-氯甲苯"同样如此。由于化学物质浩如烟海,命名规则多,名称复杂,即使是专业人员也难以接触到所有化学物质并将其了解透。这些名称经常分散在书稿各个角落,如果编辑遇到它们的时间相隔较长,前后照顾不周,就容易出现不统一的情况。如果不了解其中两者或几者为一物,则很难意识到其间存在联系并需要统一,或者对于过于熟悉的名称很难给予关注,一扫而过,忽视了前后表达不一致的情况。特别是当书稿中密集地交错出现几十种甚至上百种术语的时候,发现这些同义词之间的联系并将其逐个统一更是一件极为麻烦的事情。这就需要对上下文认真比较、分析,对这些名称在不同位置所表达的实际意思加以判断,以便发现问题。

　　有些情况下,体例不统一则会造成是非问题。例如发音相近的"磷酸"和"膦酸"、"氰化钠"和"氢化钠"、"镀铬"和"镀镉"、"酞菁"和"钛晶"、"含锡"和"含硒"、"碳化"和"炭化"、"有机砷"和"有机胂"、"甘油三酯"和"甘油酸酯"等词语会互相混用,意思往往相去甚远,必须要理解词语的意义,并根据上下文来判断正误。还有的将"格氏试剂"错成"格式试剂","乙酸乙酯"错成"乙酸乙脂","亚硝胺"错成"亚硝氨","正己烷"错成"正已烷","弛豫"错成"驰像","螯合物"错成"鳌合物"或"赘合物",等等。要识别出这些错误或不规范词形,离不开知识储备,更离不开怀疑和查证。

科技类图书经常出现字母词,表达较为简洁,然而使用不当就会影响读者的理解和信息的准确传播。因此,出版规范中对出版物中使用字母词有严格的要求。行业标准《图书编校质量差错判定和计算方法》(CY/T 266—2023)指出,非常用字母词首次出现,未加注中文译名,每处计 0.5 个差错。其中包括两种情形:1.非学术类图书中首次使用工具书未收录的字母词,未加注中文译名;2.学术类图书不符合 CY/T 119—2015 中 4.4 的规定。书稿中常出现同一术语的中英文名称混合使用的情况,即使很容易用中文表示的概念也常写成字母词。编辑往往需要承担起翻译的工作。有时还会有英文缩写和中文简称的随意拼接,虽然口头表述不会产生误解,但在出版物尤其是科技类出版物中就不规范了。例如"X 射线衍射"的英文缩写为"XRD",但说成"X-ray 衍射"就不伦不类了,"XRD 衍射"就更不准确了。甚至有些书稿演绎出了"X 射线衍射谱图""X-ray 衍射图谱""XRD 衍射谱图""X-射线衍射谱""XRD 谱"等各种很随意的口语叫法,这与讲求严谨的学术和科技类图书是不相称的。

此外,"$\alpha\text{-}Al_2O_3$"中表示取代基位置的希腊字母"α"的正斜体,以及与之类似的表示"正""异""邻位""间位""对位""左旋""右旋"等含义的字"n""p""o""m""p""R""S"等,如果前后不统一,将构成差错。

当然,若判断失误,把不同的概念误判成一个概念,进而统一成一个词语,或把某一概念"标准化"成了意思截然不同的其他术语,则改正为误,得不偿失。另外,要尽量避免使用"替换"功能来不加判断地统改词语,避免出现将"氢氧化钠俗称烧碱"误改成"氢氧化钠俗称氢氧化钠"、将"碳酸钙"误改成"H_2CO_3 钙"的情况。

总之,术语的规范和统一需要编校工作者有足够的耐心,读透书稿内容,善于发现和求证。在统一的过程中要力求准确、科学,按照权威资料选择较为科学的用法。

二、科技名词的辨析

一些比较相似的科技名词,辨析起来通常存在困难,甚至存在一定的争议。要精准辨别、合理使用科技名词,核实工作必不可少。《现代汉语词典》《辞海》等语言类工具书、《化工辞典》等专业性工具书以及"术语在线""读秀"等互联网工具都是辨析科技名词的重要参考依据。例如"术语在线"是由全国科学技术名词审定委员会主办的规范术语知识服务平台,核查科技名词方便快捷且具有权威性。利用好这些工具,是编辑加工中准确辨析科技名词的基础。

然而有时,不同的标准或工具书中,对同一概念的称谓也存在不一致的情况。准确判别有一定的难度。

有的科技名词在不同的学科有不同的叫法,如物理学中的"矢量"和数学中的"向量"意义相同,按照学科性质选择使用即可。

学术类出版物中常见"傅里(立)叶"这个名字,有时给编辑造成困惑。法国哲学家夏尔·傅立叶多简称为"傅立叶",而法国数学家让·巴蒂斯特·约瑟夫·傅里叶则多简称为"傅里叶"。二者的姓均为 Fourier,但不同领域习惯上采取不同的译法,也恰恰便于区分。化学中的"傅里叶变换红外光谱"取自数学中的"傅里叶变换",因此常写作"里"。术语在线收录"傅里叶变换"而未收录"傅立叶变换",《辞海》中则将二人统一收入"傅立叶"词条中,只是在介绍数学家"傅立叶"的释义①中提到,"傅立叶"亦译"傅里叶",也认可了不同学界的不同译法,我们在辨别时需仔细斟酌一番。

"耦合"和"偶合",用法上曾比较模糊。按照《现代汉语词典》(第7版)的解释,"偶合"指无意中恰巧相合,"耦合"在物理学上指两个或两个以上的体系或两种运动形式间通过相互作用而彼此影响以至联合起来的现象。这样看,两个词语的意义相差比较大,但化学中提到耦/偶合反应时,却难以据此分辨如何使用。术语在线收录了"耦合""偶合""耦合反应",未收录"偶合反应"。《辞海》第 6 版当中也曾同时收录"偶合""耦合"词条。"偶合"亦称"偶联",是重氮盐与芳胺或酚等作用生成偶氮化合物的反应;"耦合"指两个(或两个以上的)体系或运动形式之间通过各种相互作用而彼此影响的现象。这说明前者用于化学领域,与《现代汉语词典》释义不同,后者用于物理领域,与《现代汉语词典》释义相同。但同时,《辞海》第 6 版当中还有"耦合反应"词条,指两个化学反应联合后,其中一个亲和势(A)大于零的反应可以带动另一个亲和势小于零的反应进行的反应,却没有"偶合反应"词条,这就为用词造成了一定的困惑。《辞海》第 7 版做了调整。第一,将"偶合"词条变为"偶合反应"词条,释义不变,仍是常指重氮盐与芳胺或酚等作用生成偶氮化合物的反应。第二,"耦合反应"词条也略做修改但大意不变:亦称"耦联反应",用一个反应趋势很大的反应带动一个常规下不能进行的反应,从而得到所需的能够进行的第三个反应,则称其为两个反应的耦合反应。第三,新增了"偶联反应"词条,虽然亦称"偶连反应""耦联反应",但跟同样亦称"耦联反应"的"耦合反应"的释义仍不一样:常指分子间或分子内的两个化学单元在有机金属配合物催化下生成新的碳—碳键并结合成一个分子的反应。这样看来,"偶合""耦合"已不再按学科区分了,化学类书稿中"耦合反应"和"偶合反应"都有自己的含义,区分起来就没那么简单了。如果文中对该反应的细节没有加以介绍,仅仅一笔带过,例如说某物质可以发生耦(偶)合反应,就需要仔细斟酌,认真研究了。但总体来看,工具书的修订还是力求逐渐明晰,将原本模糊甚至矛盾的问题厘清。

根据实践当中反馈的问题等多方面因素,工具书、网站也在不断修订调整,渐趋完善,特别是在信息化时代,内容更新更加便捷,网站、app 等平台更新频率自然更快,需要编校人员不断更新知识储备,勤查资料,防止墨守成规。例如《辞海》第 7 版中有"玻尔兹曼常量",第 6 版曾作"玻耳兹曼常量",术语在线中则在原来收录"波尔兹曼常数"的基础上新增"玻尔兹曼常数""玻尔兹曼常量";《现代汉语词典》中有"阿伏伽德罗常量",《辞海》中有"阿伏伽德罗常数",术语在线中则在"阿伏加德罗常数"基础上增加收录"阿伏伽德罗常数""阿伏伽德罗常量"等。过去有些相关联的系列词语,在同一标准中也存在不一致的情况。例如"水杨酸""水杨醛"都采用"杨"字,而术语在线中尽管有"水杨酸"的词条,"水扬苷""水扬甙"用的却是"扬"字。经过修订,此问题已经解决,统一成了"杨"字,更便于编辑参考,并规范处理。

还有些概念,例如"猝灭"和"淬灭",目前关于何者更为准确,在学界还存在争议。术语在线中两个词都收录了,而且在实际使用中,两个词出现的频率也平分秋色。此外,一些并非特别知名、尚无定论的外语人名的常用译法,不同的参考依据也往往不一致,在编辑加工此类图书的时候须择其一进行统一,防止混用。尤其多人分别编校同一本书稿时要避免因依据不同而造成的不统一。

同样,对于词性的标注,不同工具书也存在细微的差别。例如"表征"一词,《现代汉语词典》中只有一种解释,即"显示出来的现象;表现出来的特征",只是名词。而《辞海》中,既指"揭示;阐明",又指"事物显露在外的征象",可见前者是动词。在化学中,"表征"一词出现的频率极高,而且多用作动词,通常表示用物理的或化学的方法对物质进行化学性质的分析、测试或鉴定,阐明物质的化学特性,例如合成并表征了某化合物。此处取动词义相对合理。

三、化学式、分子式及结构简式

结构简式在化工类图书中经常占有较大的比重,因此一旦发生错误,也常会造成知识性差错。由于图片绘制方法存在问题,或者排版人员在修图的过程中出现疏漏,画出的结构简式都可能出现不规范的现象。本来用线段表示化学键、用拐点表示碳原子,可是一旦拐点处断开,就变成了两个末端碳原子,或者将两条折线取直,就减少了一个碳原子,结构均发生了明显变化。此外,一些表征测试结果中标注的数据、各峰的归属表中的数值、晶体的点群与空间群表格中的符号等也是错误高发的地方,而这些数据查证起来又格外困难,因此也需要十分留意。修图错误尤其隐蔽,图片中正确的数字或字母,很可能因修图时疏忽而出现录入错误,改版后核红时,没有红的地方又很容易疏于核对,错误就遗留了下来。

有时,一些物质的常用简称也往往会和元素符号写法雷同,一旦同时出现就会造成意义的混淆。例如醋酸根在无机化学中常简写成 Ac,而 Ac 又表示元素"锕";芳基有时用 Ar 表示,与元素"氩"的符号 Ar 相同;表示元素"钇"的字母是 Y,在结构式中也常用代号 Y 表示某种取代基或原子;等等。使用时应格外注意避免误解。

字母的大小写、上下标、正斜体处理不当也会引发科技名词使用的混乱。如 Co(钴)和 CO(一氧化碳)易因大小写的差错而发生混淆;二氧化氮(NO_2)容易错成第二(No 2)。

对于以上几方面问题,编校人员一方面需处处留神,注意这些词语的用法,尽可能有理有据地使用,另一方面又不能犯教条主义错误,机械地套用参考依据的内容。应合理地理解和使用各种参考依据,灵活处理形形色色的书稿中五花八门的问题。还应避免轻信直觉和经验,要善于怀疑,多多求证,尽可能多地消除经验造成的差错,并且跟上标准和规范更新的步伐,不断更新自己的知识储备。同时也期待相关的标准或依据不断趋于完善,让科技术语的使用有据可依,精准规范。

参考文献

[1]张淑芳.浅谈科技图书内容与形式的统一问题[J].洛阳工业高等专科学校学报,2006,16(2):46-47.

[2]陈莉华.浅析科技类图书编校常见问题[J].新闻研究导刊,2016,7(10):279.

[3]李卫民.信息化时代科技图书编校过程中易出现的问题及建议[J].新闻传播,2011(12):213.

[4]马英,闫富宏,万瑜,等."偶联""偶合""耦合"辨析[J].编辑学报,

2005,17(3):198.

[5]邓建元.用"分子量"还是用"相对分子质量"？[J].科技与出版,2003(4):50-51.

[6]曾令泽,高鸿慈.关于"物质的量"的单位"摩尔"的若干提法的讨论[J].药学通报,1998,19(9):51-52.

[7]王桂珍.科技期刊中数理公式编排规范探讨[J].南通职业大学学报,2003,17(1):102-104.

科技类图书编辑加工中量和单位的处理难点

如今是信息爆炸的时代,多种形式的新媒体在越来越多地承担着信息承载和传播功能。然而,传统图书所独有的专业性、权威性、稳定性和系统性,是一些新媒体所无法匹敌的。特别是科技类图书,作为前沿科技和广大读者之间的桥梁,其重要意义不言自明,对其严谨性、准确性也有着更高的要求。保障科技类图书标准化,是使知识便于传播、学术交流更为顺畅的重要基础,而这一重任很大一部分落在了广大图书编辑的肩上。

科技类图书中量和单位是重要的组成部分,对表达科技信息起到极其关键的作用。与量和单位关系最密切的标准主要有《国际单位制及其应用》(GB 3100—93)、《有关量、单位和符号的一般原则》(GB/T 3101—93)、《量和单位》(GB/T 3102—93)(《有关量、单位和符号的一般原则》《量和单位》于2017年由强制性标准转为推荐性标准)、《出版物上数字用法》(GB/T 15835—2011)、《数值修约规则与极限数值的表示和判定》(GB/T 8170—2008)、《学术论文编写规则》(GB/T 7713.2—2022)等。其中《量和单位》是一系列标准,包括:

GB 3102.1　空间和时间的量和单位;

GB 3102.2　周期及其有关现象的量和单位;

GB 3102.3　力学的量和单位;

GB 3102.4　热学的量和单位;

GB 3102.5　电学和磁学的量和单位;

GB 3102.6　光及有关电磁辐射的量和单位;

GB 3102.7　声学的量和单位;

GB 3102.8　物理化学和分子物理学的量和单位;

GB 3102.9　原子物理学和核物理学的量和单位;

GB 3102.10　核反应和电离辐射的量和单位;

GB 3102.11　物理科学和技术中使用的数学符号;

GB 3102.12　特征数;

GB 3102.13　固体物理学的量和单位。

这些标准中已经从不同的角度对于量和单位的格式、使用规范等加以明确。然而,一些标准或规范里没有明确规定的情况,却常在编校实践中引发争议;不同的编校人员对标准的理解不同,也会产生不同的见解。本文拟从不同的方面简单阐述一些科技类图书量和单位使用中的比较常见却不太容易拿捏的情况,期待与广大同人探讨,得出较为理想的解决之道。

ICS 01.140.30
A 19

GB

中华人民共和国国家标准

GB/T 15835—2011
代替 GB/T 15835—1995

出版物上数字用法

General rules for writing numerals in public texts

2011-07-29 发布　　　　　2011-11-01 实施

中华人民共和国国家质量监督检验检疫总局
中国国家标准化管理委员会　发布

UDC 58.301
A 51

GB

中华人民共和国国家标准

GB 3100—93

国 际 单 位 制 及 其 应 用

SI units and recommendations for the use
of their multiples and of certain other units

1993-12-27 发布　　　　　1994-07-01 实施

国 家 技 术 监 督 局　发 布

一、量和单位规范统一的难点

一些现实中习惯使用的物理量与规范中存在冲突,而一些作者对此并不了解,这样对这些物理量进行规范的任务就交给了编辑。

生活中常用的"公字头"单位非法定计量单位,除了公斤、公里、公顷之外,在科技类书稿中都应当换算成相应的法定计量单位。"公顷"这一单位出现在 GB 3100—93、GB/T 3101—93 的"可与国际单位制单位并用的我国法定计量单位"表中,是允许使用的。然而关于公斤、公里这两个单位的处理,说法不一,有人认为它们在日常生活中普遍存在,应当允许使用,也有人认为,这两个单位不规范,在教材类书籍中不推荐使用,应当换算成千克、千米。目前通常根据书稿的性质区别对待。

一些习惯使用的物理量并不符合科学理论,随意使用必然造成混乱。例如,习惯上人们认为重量和质量是一回事,因为二者成正比,都能衡量物体轻重,而在科技领域,前者表示重力的大小,是力的范畴,单位为 N,后者单位则是 g。《现代汉语词典》(第 7 版)对"重量"一词的解释也有两个,一个是"物体受到的重力的大小",另一个是"习惯上用来指质量"。当书稿中提到"重量"的时候,如果有单位,说某物体的重量是××g 或××N,则能理解,据此判断该说法的正误并加以换算,但如果仅仅表述为"重量",往往就不知道究竟表示什么了。力的单位除了 N 之外还有 kgf,但有的人却习惯把力的单位表述成 kg,显然把两个概念弄混了。

与此类似,压力和压强两个词含义不同,量纲也不同,但现实中却常把"压强"称为压力,《国际单位制中具有专门名称的导出单位》也把压力和压强相提并论。如果仅仅进行简单的比较,混用问题不大,面积一定的情况下二者成正比,说压力是××Pa 或××N 也可以表达一些具体的变化趋势,并可以换算,但在物理学中,"压强=压力/受力面积"就无法能表示成"压力=压力/受力面积"。而书稿中理论和实践经常混杂在一起,往往难以明确拆分出来,这样区分使用并不容易。

还有些术语本身存在着不相干的双重含义，有些场合下会产生歧义。如"质量"一词，既是"表示物体惯性大小的物理量"，又表示"产品或工作的优劣程度"（《现代汉语词典》第 7 版），如果单纯提到"大气质量"则难辨其意。如果能对这样的术语释义加以调整，分化使用，效果会好一些。

一些物理量的称谓存在争议，因此在体例统一的过程中存在着一定的困难。例如，GB/T 3102.8—93 中指出，"相对原子质量"以前称"原子量"，同样"相对分子质量"以前称"分子量"，这样"原子量"和"分子量"属于旧称。而《现代汉语词典》（第 7 版）"原子量"的解释是"相对原子质量"的通称，同样"分子量"的解释是"相对分子质量"的通称，和旧称相比，还是处于可以使用的范畴。"术语在线"中"原子量""相对原子质量"都是规范用词，但二者的英文名称并不相同，分别是 atomic weight 和 relative atomic mass（前者更接近"原子质量"）。目前，这些用法都不能简单地认为哪个是错误的，究竟是统一、并存，还是分化，还有待时日。然而，和物理量"原子量""分子量""相对原子质量""相对分子质量"名称相似的"原子质量"和"分子质量"，本质上跟前几者并不相同，后两者是质量单位。像这样不同的物理量和单位纠缠不清，相互混用，不仅给学术交流造成混乱，也给编辑加工带来了很大的困难。

关于"原子量""分子量""相对原子质量""相对分子质量"这些物理量的单位，不同学科也存在争议。化学中认为其无量纲，或者量纲为"1"，而生物学中习惯用"道尔顿""Dalton""D""kD"等作为单位，也曾有人提出以"u"作为单位。这样，在对待不同学科的稿件时，往往采取不同的标准。

有些日常教学或科研中常用的不规范的表示方法，书稿中常会自然而然地使用。"摩尔数""米数""千克数"等物理量已经明确作为不规范表示方法被废除，但是有人提出用"物质的量"作为这样一个重要的物理量的中文名称显得很随意，而且在语言叙述的过程中既啰唆又容易有歧义。早在二十多年前，相关专家就向社会广泛征集"物质的量"这一物理量的替代名称，但如今仍没有一个合适的方案。该物理量的单位 mol/L 曾经表示为"M"，现在"M"这种表示方法已废除，但有很多书稿中仍在使用。"mol%"等在单位前后加修饰成分的用法也明确为不规范用法，可以处理为文字描述，如"物质的量百分比为……%"。

　　ppm（百万分之一）、ppb（十亿分之一）等目前也作为不规范的表示方法被废除。ppm、ppb 等是纯数，通常加以换算处理，但处理起来还是有些困难的，因为在很多场合处理成纯数并不合适。例如 ppm，作为浓度单位使用时不宜换算成纯数，处理成百分数或是换成单位"微克每克"尚可，但作为化学位移的单位时，这样处理又不合适了。因此 ppm、ppb 等看似简单的问题，却不能一概代换。

　　一些物理量的规范形式处在不断的调整中，须引起我们编校人员的密切关注，随时根据新动态调整编校标准。例如化学中常用的"分子间作用力"过去也常称为"范德华力"，但按照"术语在线"，目前的规范用词为"范德瓦耳斯力"。由"物质的量"这一单位导出的单位还有"物质的量浓度"。"术语在线"2016 年发布的"摩尔浓度"词条中，"摩尔浓度"为规范用词，又称"体积摩尔浓度"，"物质的量浓度"先是"俗称"，后变为"曾称"；2019 年新发布了"物质的量浓度"词条，"物质的量浓度"又作为冶金学名词的规范用词出现了。

　　《学术论文编写规则》（GB/T 7713.2—2022）对量和单位的规定除了沿袭《国际单位制及其应用》（GB 3100—93）、《有关量、单位和符号的一般原则》（GB/T 3101—93）、《量和单位》（GB/T 3102—93）中的规定外，又提到，量和单位的使用还应注意以下问题：

　　　　量值相乘表示面积、体积等时，每个量的单位应重复写出，如 40 m×60 m 不应写作 40×60 m 或 40×60 m^2；

　　　　单位相同的量值范围前一个量的单位宜省略，如 1.5~3.6 mA 不必写作 15 mA~3.6 mA，但 20%~30% 等例外，前一个量的单位不应省略；

　　　　单位相同的一组量值中，可只保留最末一个量值的单位，如 15、20、25℃；

"%""‰"是 1 的分数单位符号,"%"可用来替代 0.01 或 10^{-2},"‰"可用来替代 0.001 或 10^{-3}。

其中,40 m×60 m 不应写作 $40×60 \ m^2$、单位相同的一组量值中可只保留最末一个量值的单位的规定在以往的标准中较少出现,值得关注。

二、字母的使用

科技类图书中,为了简便和规范化,物理量和单位大都用字母表示。关于这些字母的正斜体、上下标、大小写的一般原则,《有关量、单位和符号的一般原则》(GB/T 3101—93)已经有明确规定,各学科常用变量的表示方法已经在 GB/T 3102—93 中列举出来,特别是《物理科学和技术中使用的数学符号》(GB/T 3102.11—93)中的数学符号在数学公式运算中涉及得较多,并对正斜体的一般规律做了规定,很有意义。《学术论文编写规则》(GB/T 7713.2—2022)5.7.1 对公式中字母的使用做出规范时也提到:"数学式中的变量、变动的附标、函数、有定义的已知函数、其值不变的数学常数、已定义的算子、特殊集合符号、矢量或向量、矩阵以及说明性的字符等,编排时使用的大小写、正斜体、黑白体等,均应符合 GB/T 3102.11 的规定。"

然而,有一些场合中,物理量和单位字母的处理仍存在着一些问题。例如,在物理学中,电阻通常用大写字母 R 表示,但 R 究竟是代表电阻值的大小的变量,还是代表电阻元件的符号? 如果是前者,应为斜体,如果是后者,则应为正体。有很多作者在行文中却并没有意识到这二者的差别,用一个字母 R 笼统地代表"电阻",一会代表元件,一会又参与运算,这让编辑感到十分头疼。逐个判断意思区别对待,似乎有很大的难度,而且显得格式混乱,统一处理又不合逻辑。这个问题只能通过修改行文、澄清概念来加以解决。此外,一些物理量在计算机代码、自动生成的图像、仪器面板示意图等当中出现的时候,其正斜体等格式(包括数字的千分空)也与正文存在差别,究竟是尊重原貌,还是保持体例统一,也往往是一个难题。特别是修图录入文字的时候，如何保持"原貌"很难把握。对于这样的问题，只能按照自己的标准统一处理，避免一本书稿中五花八门。

而有些正斜体如果处理不当，将严重影响计算的结果。常见的"其值不变的数学常数"用正体字母 e(2.71828……)、i($\sqrt{-1}$)表示，但这两个字母经常以斜体的形式充当变量，且很容易出现在同一个公式中，例如 e 常表示电子电量，i 常表示项的序数等。如果区分不当，计算结果将大受影响。与之类似，黑白体如果处理不当，就容易将矢量和标量混淆，影响计算的结果，造成运算错误。

既然"其值不变的数学常数"用正体字母表示，那么常称为"常数"的"化学平衡常数""反应速率常数"等，其物理量字母是否也用正体表示？其实这些"常数"有单位，而且在不同的化学反应等场合中有不同的数值，并不是"其值不变的数学常数"，即使是气体常数，虽然数值固定，但有单位，其实属于"常量"，也不适合处理成正体。这些经常让编辑感到困惑。

除了一般的单个字母的物理量之外，还有些作者习惯于直接用概念名称的缩写直接作为变量参与计算，这一点在统计学、经济学的稿件中表现得尤为突出。例如：先介绍国内生产总值的概念，英文缩写是 GDP，接下来就把 GDP 放在公式中参与计算；……叫作相对标准偏差（RSD），它的算法是 RSD =……这时候，GDP 和 RSD 究竟是正体还是斜体很难处理，不同的出版物会采取不同的做法，而且这样表示也不太符合数学中变量的表达习惯。如果在运算时把它们单独处理成常规的变量形式 G_{DP}、R_{SD}，又显得不合情理，替换成其他字母，修改起来就更复杂了，而且很多作者也并不认可这样的修改。《学术论文编写规则》（GB/T 7713.2—2022）中 5.7.3 对此做出了规定："数学式不应使用量的名称或描述量的术语表示。量的名称或多字母缩略语，不论正体或斜体，亦不论是否含有下标，都不应该用来代替量的符号。"这就给这一问题的处理指明了方向。

科技类图书的共性是数字和字母等西文字符多，正斜体、上下标使用较多，稍有不慎，这些西文字符的差错也将导致知识性差错。例如：10^5 Pa 在文字复制和转换过程中经常错成 105 Pa，这样就相差了上千倍；a 物质的浓度

c_a 也容易错成 Ca(钙);Me 表示金属,而 m_e 则变成了电子的质量;Ln 常用于表示配体,而 ln 表示自然对数;MW 表示兆瓦,而 mW 表示毫瓦,相差 10^9 倍;英文字母"a"和希腊字母"α"易混淆;汉字"一"和一字线"—"易混淆;英文字母"1"、数字"1"以及英文字母"l"经常互相错用;英文字母"S"和数字"5"经常互相错用;英文字母"Z"和数字"2"经常互相错用;字母"O"、汉字"○"和数字"0"经常用错,当出现在上下标中的时候,还容易跟度(°)混淆;摄氏度符号℃经常写作°C;字母"e"和字母"c"由于扫描原件不清晰等原因经常弄混;三角形符号"△"和希腊字母"Δ"经常混淆;单位"Å"常错成字母"A";单位"μm"常错成"um";等等。关于英文字母"II"和罗马数字"Ⅱ",有的观点认为二者仅仅是字体的区分,字符不存在差异,只要统一即可,甚至认为表示罗马数字时,英文字母"II"的形式才是标准的;也有的观点认为,二者是不同的字符,表示罗马数字时必须用罗马数字"Ⅱ"。这一方面目前似尚无定论。

对于大小写、正斜体均可的一些符号,则要注意全书的体例统一。例如单位"升"既可以表示为"L",也可以表示为"l"。有时因软件等的问题,一些特殊符号无法识别,常错成"?"或"□"等,这将会造成公式缺少或增加变量,出现运算错误,严重影响准确性。这些问题仅从字面上往往很难发现,需要通过体会文意、查阅资料甚至验算来做出综合判断。

测试结果类图片多的书稿,物理量和单位的表述方法在不同的图片中极易出现不一致的情况,因为不同的测试结果往往是不同的仪器、不同的时间得出来的,且在图上不易修改,所以这一点常被作者忽视。例如"g/L"和"g·L^{-1}"、"m/kg"和"m(kg)"等表述方法常常一同出现,如不统一将造成混乱。此外,单位名称、单位符号和中文符号也经常混淆,特别是较为复杂的组合单位。例如单位名称"克每立方米"和中文符号"克/米³"常杂糅成"克/立方米",由于读起来比较顺,因此不容易发现,从而遗留在书稿中。

总之,在以上各种差错中,对于在文稿格式的转换或排版过程中出现的差错,例如正斜体、上下标等,遇到疑问时,要与原稿认真核对,并进行分析判断;对于作者写作时产生的笔误或软件本身功能的局限导致的问题,可以通过理论推导、查证、运算或向作者求证加以解决;对于作者在引述其他前沿科技成果时表述不清、理解错误,甚至为自圆其说而篡改引用内容造成的差错,通常需要编校工作者动用自己的知识储备,查阅资料加以核实,甚至还需简要学习相关理论。总之,科技类图书编辑加工已经远远超出了文字整理的范畴,需要知识储备、怀疑和求证的精神、正确的查阅与判断方法的结合。

参考文献

[1]朱兴红.科技论文中量和单位的正确使用[J].西北民族大学学报(自然科学版),2008,29(3):91-94.

[2]詹志洪.科技文献中量和单位的使用[J].工程设计与研究,2009(6):37-43.

[3]李和委.科技论文中多字母物理量符号的编写问题[J].河北经贸大学学报(综合版),2009,9(2):68-70.

[4]朱文祥,裴毅.让我们给"物质的量"命个名[J].化学教育,2003(6):35.

[5]王俊丽,姜凤莲,刘秀荣,等.化学类英文期刊稿件中的常见问题浅析[J].中国科技信息,2008(24):153.

[6]丁金芳.化学图书中常见的特殊编校错误[J].编辑之友,2008(1):80-81.

[7]李继红.化工类论文编校过程中常见疏漏分析[J].编辑学报,2008,20(2):114-115.

[8]肖萍.科技类图书编辑加工中常见的问题[J].出版发行研究,2011(12):20-21.

[9]李馨馨,张宝珠,管娜.浅谈科技类图书的编辑加工[J].职业,2013(10):154.

[10]陈莉华.浅析科技类图书编校常见问题[J].新闻研究导刊,2016,7(10):279.

学术类出版物中的逻辑性、语法性差错初探

根据《现代汉语词典》（第 7 版），语法是语言的结构方式，包括词的构成和变化、词组和句子的组织。语法是语言表达的规矩，无规矩不成方圆。行业标准《图书编校质量差错判定和计算方法》（CY/T 266—2023）有 1–11"逻辑性、语法性差错"一项，每处计 2 个差错。列举了几种典型情况，其中前三项与逻辑性、语法性差错关系尤为密切：

1. 句式杂糅；

2. 歧义、前后矛盾、不合事理；

3. 语句不通、表意不明。

在实际的编校和质检工作中，语法通常是灵活的，语法性差错的认定也往往比较灵活，计错标准经常与字词、标点等难以区分。从不同的角度来分析一个句子，得出的结论往往会不一致。有的句子从结构上分析不符合语法规则，存在语法错误，但不影响理解；而有的句子的语法错误达到影响理解的程度，这样的句子就没有办法准确地表情达意。讲究语法的最主要目的在于防止内容影响读者的理解，即保障信息的准确传达。

学术类图书的作者从事的是学术研究工作，在书稿的写作中也更加侧重于知识性，对语言文字方面的关注则往往相对欠缺，因此此类书稿中语言失范、表述含混不清的现象十分常见。以下针对此类书稿中高发的几类差错，结合笔者工作中遇到的一些实例做出简要的分析。

一、句式杂糅

句式杂糅、搭配不当是学术类图书中常出现的差错。这样的表达，从字

面上看大多不影响理解,但仔细分析句子结构就会发现经不起推敲。写作时如不注意语言使用的准确性,往往会遗留大量此类问题。如"防止……不再……""如果……时""从……为出发点""是由于……的结果""之所以……的原因""对于……上""这要看……所决定""最好……比较合适""借口……为名""没有……之前""原因是……造成的""供……之便""超过……以上""靠的是……取得的""本着……为原则""由于……决定""围绕……为中心"等搭配通常是杂糅的表现,但要认定此类差错,必须结合实际的句子来分析。又如"尚未颁布实施前"是一种常见的杂糅形式,仔细分析可知其在逻辑上存在问题,但口语中这样的表达比比皆是,并不影响理解,所以很容易忽略。

下面两例也是将不同的两句话杂糅在一起,造成了前后不搭配。

生态美学的哲学逻辑起点是建立在打破传统的二元对立的哲学思维模式下,借鉴萨特、海德格尔等的存在哲学,而建立起的生态美学特殊的生态哲学体系。

为了满足市场需求,相关企业出于降低运输成本,降低交易成本,及时获取产品信息等目的,导致企业选择在集群地区附近安家落户。

由于句子较长,理解和分析都存在一定的难度。但只要提取一下句子的主干,便不难发现问题。"哲学逻辑起点是生态哲学体系""相关企业导致企业选择……",主干存在问题。

二、歧义

歧义句的产生往往在不知不觉中,写作的时候并未察觉,然而阅读时会

发现,从不同的角度去理解,会有不同的结论。下面例子就存在歧义:

瑷珲的进贡一直持续到清朝退出历史舞台。

这句话可以理解成瑷珲的进贡一直持续到"清朝退出历史舞台"(即中华民国成立)的那个时候,也可以理解为瑷珲的进贡"一直持续到清朝"才结束。

在叙述较复杂的运算关系的时候,常因表达不清而难以理解。下面例子中"网络节点数与用户数量"很难说是一个变量还是两个变量,从下文的公式中也很难判断。这样的问题已经影响到理解,须谨慎处理。

在互联网经济时代,传统的资源稀缺性,随网络节点数与用户数量平方数的增加而增加。表达式为:

$$V = K \times N^2 \qquad (3.5)$$

其中,K 代表价值系数,N 代表用户数量。

下面的例子中,初读不太容易分辨清究竟是"对自己职业生涯有影响的人"对自己给出的评价,还是自己对在自己职业生涯中有影响力的人做出的评价。

对自己职业生涯有影响的人的评价和建议可以作为自我分析的一部分。

三、前后矛盾

前后矛盾的情况在书稿中很常见。有时句子主干没有问题,前后搭配了,语句读起来通顺了,但是语言表达的内容前后抵触的问题却容易忽视,需要将内容读懂读透,深入分析。下面的例子存在的问题是搭配不当造成的,但从逻辑上,"软件程序设计人员从文本代码束缚中解放"和"降低编写效率"是矛盾的,应为提高编写效率。

　　大量的图标式控件及编程工具,能够让软件程序设计人员从烦琐枯燥的文体代码束缚中解放,降低了程序编写的难度及编写效率。

下面这个例子中的前后矛盾则较为隐蔽。前文已经提到八月十五日日本投降的事件,是发生在 1945 年的,而落款日期"一九三五年八月"显然不合理。根据文献出处日期判断,"一九三五年八月"疑应为"一九四六年八月"。经查,此处确为录入错误。

　　到了八月十五日正午,日本无条件投降的广播传来,他又把我们召唤出去,这回可换了一副面孔,很谦恭和蔼地让我们坐下,啜嚅地说:
　　"同志们! 我告诉诸位一个好消息,就是我们的宿敌日本,已经无条件投降了。一两天,诸位同志就可以出狱了。"
　　…………
　　我想起了在狱中被拉上绞刑场的一些中华儿女们,我望着西风吹动的树梢、树丛那边潺潺流动的江水,我立刻停下笔来,吐出了一声悠长的叹息。血液在奔腾着……
　　　　　　　　　　　　　　　　　一九三五年八月在太阳岛上
　　　　　　　　　　　　　　　选自《东北日报》,1946 年 8 月 17 日

四、不合事理

有的语句表达的意思与实际情况不符或完全相反。有一些是口语中常见的表达错误,普通会话中往往难以察觉,但出现在书面语中就构成了差

错。比如："无时无刻不"的"不"字经常缺失,造成意思相反;"不失偏颇"的意思就是"偏颇",常说的"有失偏颇"的意思则是不偏颇,意思都与想要表达的意思相反,正确表达应为"失之偏颇",即缺陷在于偏颇;"零突破"是没有突破,与"零的突破"表达效果正相反。

还有一些不合事理的情况较为隐蔽,不仔细分析很容易忽视。例如,"十二平方米大小的地方,住着六十多家农民",仔细分析就不太合理了。此类问题往往跟知识性差错关系较为密切。

五、语句不通、表意不明

语句不通的范围很广,语法结构存在错误都可以算作语句不通。见下面的例子:

> 太阳给予人类光明、热量,大地给予人类生息、繁衍,因而是美的;老鼠、苍蝇、蛔虫于人为害,因而是丑的。

"大地给予人类生息、繁衍"由于成分残缺,表意模糊,意思可能是大地给予人类生息、繁衍的场所、条件、机会……只能靠猜想。

学术类出版物语句不通的情况多发于综述类的文字中。此部分中大量转述他人的科研成果,时常出现衔接不当、前后矛盾的现象。翻译外文文献资料时,问题就更加突出了,由于语法结构等方面的差异,以及对实验数据理解的偏差,翻译后的文字常会颠三倒四,意思扭曲(既包括翻译的差错,也包括个别研究者为了切合主题、服务于特定的结论而对原文意思的有意篡改),而这些文献资料大都是前沿科技成果,可供查证的资料或依据凤毛麟角,给查证核实工作带来了挑战。这部分文字的编校工作往往是一本书中最为耗时的,而且也是错误高发区。下例取自一本书的文献综述,囊括了诸多由外文文献翻译而来的研究结论。从意思上看,分子式不存在空间结构,应当为分子的空间结构,一字之差,体现了翻译的不准确性。

Corma 等人通过几个模型反应(甲苯歧化反应及正癸烷异构化反应)对 MCM-22 分子式的空间结构进行了研究,MCM-22 同时具有十元环及十二元环孔道结构。

严重的语法错误将会影响理解,使读者不知所云,构成表意不明。下面几个例子,读者很难搞懂作者想要表达的是什么意思,尤其是要求科学性、准确性的学术类出版物中,这样的语言起不到准确传达信息的作用。

当时户籍的建立与后来的发展发生了很大的变化。

从形式上看,艺术美的形象形式虽然是来自现实美的形象的形式,但是这种形式本身不再是直接表现某种现实生活内容的感性形式,而是一种形式美,一种失去对物质功利性直接依存性的、积淀着某种意味的形式。因此,艺术美的形象内容和形式统一的反映,是艺术家的心灵创造的,因而能使这种观念性内容和形式相互渗透、通体融贯,达到高度和谐的统一。

家庭是有功能的互动系统,它本身是个实体,不仅大于家庭成员投入的总和,也提供脉络架构以了解个人的运作。

除此而外,逻辑性、语法性差错还有很多种,如成分残缺与赘余、指代不明、并列不当等,语言是活的,因此语法类差错也五花八门,现实中出现的例子不胜枚举。《图书编校质量差错判定和计算方法》也指出,表格中的差错描述为判断差错类型提供参考,包括但不限于表中给出的描述,其情形之复杂,甚至分类也常会遇到困难。遇到具体问题,需要具体分析。学术类出版物逻辑性、语法性差错高发,那么在学术类出版物的编辑加工中就需要格外关注此类问题。编辑在掌握专业知识的同时不能忽视对语法功底的培养,让作者想要表达的意思准确、通顺地传达出来,让学术类出版物更好地发挥其应有的价值。

浅论科技类图书公式编排的规范化

科技类图书中往往存在大量的数学公式,在运算、推导中起到重要的作用,可以说它是科技类图书的一种独特的语言。其编排也须符合一定的要求,否则轻者不美观、影响阅读体验,重者造成理解上的差错,影响知识的准确传播。

关于公式的编排,2022 年出台的国家标准《学术论文编写规则》(GB/T 7713.2—2022)做出了较为详细的规定。此外,一些图书编辑类的教材、参考书以及论文撰写规范等对公式编排有着大致趋同的要求,使我们对公式进行编辑加工时在一定程度上有章可循,以便提升出版物的品质。

公式的编排通常有串文排和居中排两种形式。《学术论文编写规则》5.7.4 规定,"数学式一般串文排,下文要提及的编有式编号的公式、大公式(如繁分式、积分式、连乘式、求和式、矩阵、行列式等),应另行居中排,式编号标注于该式所在行(或转行式的末行)的最右端"。较短的、简单的公式适合采取串文排的方式,但较长、较复杂的公式如果串文排,不仅显得混乱、不醒目,而且转行存在很多不便,因此此类公式大多采取居中排的方法编排。公式居中排不同于一般的纯文字的编排方式,因此转行、空格等很多方面有着其独特的要求。

关于公式的转行,《量和单位》系列标准中《物理科学和技术中使用的数学符号》(GB/T 3102.11—93)和《学术论文编写规则》均规定,"当一个表示式或方程式需断开、用两行或多行来表示时,最好在紧靠其中符号=,+,−,±,∓,×,·或/后断开,而在下一行开头不应重复这一符号"。这样规定的好处是会避免歧义,将符号留在行末表示公式未排完,避免将分排在不同行的同一个公式误解为多个公式。然而,现有的绝大部分书籍还是遵循着一些约定俗成的规则来尽可能规范地编排公式。例如,关于脱式运算,仍习惯将等号排在行首并对齐,这样编排虽未依照标准推荐的格式,但也并未造成歧义,符合特定的习惯。

公式居中排虽然格式上独立,但意义上仍与上下文连贯,也就是说换行居中不等于分段,公式换行时该自然段如果明显未完,则公式后文字在下一行顶格排。无公式时,文字按正常规则编排,要避免文字受到公式影响随意换行或居中,打乱正常的编排规则。以下几个例子,除了正斜体等差错以外,在格式上都存在不合理之处:

第一例

【例 1-4】我国药典规定,药用酒精 $\varphi_B = 0.95$,问 500ml 药用酒毫升?

解:因为 $\varphi_B = 0.95$ $V = 500ml = 0.5 \, dm^3$

所以 $V_B = \varphi_B \times V = 0.95 \times 0.5 dm^3 = 0.475 dm^3 = 474 ml$

即 500ml 药用酒精中含 475ml 纯酒精

第二例

将其对小孔面积积分,得到通过小孔的光功率

$$P_t(z, \Delta\varphi_0(t)) = c\varepsilon_0 n_0 \pi \int_0^0 |E_a(r,t)|^2 r dr$$

则 Z 扫描归一化透过率为

$$T(z) = \frac{\int_{-\infty}^{\infty} P_t(z, \Delta\varphi_0(t)) \, \mathrm{d}t}{S \int_{-\infty}^{\infty} P_I(t) \, \mathrm{d}t}$$

其中 $P_I = \pi\omega_a^2 I(t)/2$ 为入射样品的光功率,$S = 1 - \exp(-2r_a / \omega_a)$, 0 和 $S = 1$ 分别对应闭孔和开孔的情况。

对于开孔 Z 扫描,样品归一化透过率可以表示为

$$T = \sum_{m=0}^{\infty} \frac{[-q_0(z,0)]^m}{(m+1)^{\frac{3}{2}}}$$

第三例

拉乌尔定律只适用于非电解质的稀溶液,对于稀溶液,年 $n_A >> n_B$,$n_A + n_B \approx n_A$,则:

$$\Delta P = P_A^* x_B = P_A^* \frac{n_B}{n_A + n_B} \approx P_A^* \frac{n_B}{n_A} = P_A^* \frac{n_B}{\frac{m_A}{M_A}} = P_A^* M_A b_B$$

即: $\Delta P \approx k_a b_B$ (1-14)

其中第一例公式并没有居中，下文却换行了，而且没有句末点号，是不伦不类的编排规则；第二例上一句话结束了，下一句换行也顶格排，这中间没有公式，是汉字格式编排的错误，只是掺杂在公式较多的行文中容易混乱；第三例，文字跟随公式一起居中了。这几类欠合理的形式很容易隐藏在公式较多的书稿里。

此外，公式下面往往需要对式中各变量的含义进行解释，这些解释性语句如何编排，目前也无统一标准，五花八门。有的采取一般文字的格式正常叙述；也有的为了条理清晰，各个变量纵向对齐，排在"式中"二字之后，但下面各行前面的空格就不是两个字了，似乎并不符合文字编排的习惯；还有的"式中"前面空两格，之后再换行，下面各变量也均空两格……加上各条是否加句末符号等等，编排的形式就更多了。在这里很难说孰是孰非、孰优孰劣，只是在缺乏相关指导性标准的前提下，不仅形式显得混乱无序，编辑在处理此类问题的时候也往往感到无章可循，不知所措，因为随意编排很有可能产生不合理之处。

关于居中排公式的标点符号，有人认为应把公式视为正文的一部分，因而公式末加标点符号，且标点符号应与公式的主体对齐。也有人认为居中排公式末尾不需要加任何标点，这样处理省去了很多判断标点符号如何使用上的麻烦，虽然会影响到行文完整性，但通常情况下并不影响理解。《学术论文编写规则》5.7.4规定："居中排数学式的结尾，允许按其在行文中的语法关系添加标点符号。"这说明两种处理方式均无问题，但需要统一处理。

此外，并列的数或字母之间标点符号的使用也经常存在争议。按照汉语的规范，并列的词之间使用顿号，表示省略的时候采用汉语的六个点省略号"……"，句号为"。"；而数学中的规范则类似于英文，并列的数字或字母之间一律用逗号，省略号也是英文形式的三个点，有的数学类图书全书统一使用句点作为句号。旧的《标点符号用法》（GB/T 15834—1995）标准中介绍：句号的形式为"。"。句号还有一种形式，即一个小圆点"．"，一般在科技文献中使用。而2011年的新标准（GB/T 15834—2011）中去掉了关于小圆点"．"的介绍，这就暗示了小圆点"．"不再作为句号使用，科技文献中同样应避免使用。而顿号、省略号使用的情况仍较为混乱。一般的科技类图书主体为中文叙述,其中夹杂使用数学公式,顿号、省略号等究竟如何使用？这也是一个模棱两可的问题。一般情况下根据语境处理,汉语语境中按照汉语标点符号的规范使用,公式中则按照数学规范使用,但"语境"毕竟还是比较模糊的概念,一些临界的情况下,用法就五花八门了。例如,文中应该说"n 的取值为 1、2、3……",还是应该说"n 的取值为 1, 2, 3, ..."？这究竟算哪一种语境？不同的编辑就会有不同的理解,目前我们只能采取书中尽可能统一的原则来处理。

此外,《学术论文编写规则》针对数学式的表示还提出以下建议:

1. 在行文中宜避免使用多于 1 行的表示形式,如 m/V 优于 $\dfrac{m}{V}$;

2. 在数学式中宜避免使用多于 1 个层次的上标或下标符号,如 $P_{1,\min}$ 优于 $P_{1_{\min}}$;

3. 在数学式中宜避免使用多于 2 行的表示形式。

示例:

使用

$$\frac{\sin\left[(N+1)\alpha/2\right]\sin(N_\alpha/2)}{\sin(\alpha/2)}=\cdots\cdots$$

不使用

$$\frac{\sin\left[\dfrac{(N+1)}{2}\alpha\right]\sin\left(\dfrac{N}{2}\alpha\right)}{\sin\dfrac{\alpha}{2}}=\cdots\cdots$$

以上建议使得公式的编排更简便、清晰,减少运算错误。当然并不是强制性规定,如不引起误解,则不涉及对错的问题。

综上所述,关于公式的编排,目前在编校实际中仍会遇到一些棘手的问题。很多情况下,由于缺乏相应的标准,或者不了解已经出台的标准,编辑加工书稿的时候往往会凭着感觉来进行编排,这样就会出现种种不典型或"不地道"的格式,却没有办法说清问题出在哪里。一线的编校人员在合理地理解和运用标准、恰当辨别是非优劣的同时,也期待相关标准的进一步完善和明确,在一些似是而非、模棱两可的方面为广大的编校工作者指明方向,做到有据可查、有章可循,更有力地增强科技类出版物在科技知识传播和学术交流上的权威性、准确性,让各领域知识和世界各地的科技成果更准确、顺畅地衔接。

参考文献

[1]谢文亮,张宜军.科技期刊中数学公式的规范表达[J].编辑学报,2013,25(3):240-242.

[2]张丽华.图文混排图书常见差错及编校方法[J].现代出版,2013(3):52-55.

[3]舒干,吴智勇.科技期刊实施《标点符号用法》的问题探讨[J].中国科技期刊研究,1995,6(4):35-37.

插图与表格的编辑加工难点

　　插图和表格是出版物中辅助文字阐明问题的重要工具。既然要表达一定的意思,就需要有自明性。如果格式不规范,编排混乱,就势必影响读者对其中内容的理解,甚至传递错误的信息。

　　对于插图和表格,2019 年出台的行业标准《学术出版规范　表格》(CY/T 170—2019)和《学术出版规范　插图》(CY/T 171—2019)已经做了较为细致的规定,改变了以往插图和表格使用混乱、无据可依的局面。然而在实际操作中还是存在一些容易忽视或混淆的问题。

ICS 01.140.40
A 19

CY

中华人民共和国新闻出版行业标准

CY/T 170—2019

学术出版规范 表格

Specification of academic publishing—Table

2019 - 05 - 29 发布　　　　2019 - 07 - 01 实施

国家新闻出版署　发 布

ICS 01.140.40
A 19

CY

中华人民共和国新闻出版行业标准

CY/T 171—2019

学术出版规范 插图

Specification of academic publishing—Illustration

2019 - 05 - 29 发布　　　　2019 - 07 - 01 实施

国家新闻出版署　发 布

一、内容问题

《学术出版规范　表格》对表格内容做了以下规定：

表格内容与正文配合应相得益彰，内容适合用表格表达。

表格应具有自明性和简明性，栏目设置应科学、规范。

表格中的数据应具有完整性和准确性。

表格中连续数的分组应科学，不得重叠和遗漏。

表格中的数值修约和极限数值的书写应符合 GB/T 8170 的规定。

表格中的量和单位的名称、符号及书写应符合 GB 3100 和 GB/T 3101 的规定。

表格中数字形式的使用应符合 GB/T 15835 规定。

表格中的科学技术名词应符合 CY/T 119 的规定。

表格中的术语、数值、符号等应与正文以及同一文本中其他表格中的表述一致。

全书或全刊的表格的表号、表题、表头、表身、表注的格式应统一。

《学术出版规范　插图》则对插图内容做了以下规定：

插图应与正文内容相关，应选择能有效传达关键信息的插图形式。

插图应具有自明性、简明性、科学性和艺术性。

结构示意图、原理示意图和流程图的设计制作应符合现行的国家标准或行业标准。

地图插图应维护国家的统一、主权和领土完整，维护民族尊严和民族团结,体现我国的外交政策和立场,保障国家安全和利益。出版前应报送国家测绘地理信息管理部门审核批准。地图插图应符合 GB/T 19996 的相关规定。

坐标曲线图的坐标轴、标值线的画法应规范,标目、标值、坐标原点应标注完整、规范、统一。如果坐标轴表达的是定性的变量,即未给出标值线和标值,坐标原点应用字母"O"标注,在坐标轴的末端应按照增量方向画出箭头,标目可排在坐标轴末端的外侧。如果坐标轴上已给出标值线和标值,坐标原点应用阿拉伯数字"0"或实际数值标注,不宜画出表示增量方向的箭头,标目应与被标注的坐标轴平行,居中排印在坐标轴和标值的外侧,标注形式应用"量的符号或名称/单位符号"。

插图中涉及标志用图形符号、设备用图形符号和技术文件用图形符号应符合现行的国家标准。

引用他人的插图应获得著作权人的书面许可并注明来源。

插图中的数值修约和极限数值的书写应符合 GB/T 8170 的规定。

插图中的量和单位的名称、符号及书写应符合 GB 3100 和 GB/T 3101 的规定。

插图中的科学技术名词应符合 CY/T 119 的规定。

插图中的术语、数值、符号等应与正文以及同一文本中其他插图中的表述一致。

全书或全刊的插图的图号、图题、图注的写法和格式应统一,同一内容的表示方法、同类图的画法、指引线的表示方法等应一致。

可见,表格和插图都有自明性、简洁性、科学性、统一性,以及与正文内容相关等要求,其中的各项内容须符合相关标准要求。此外,图片的使用存在著作权方面的要求,地图的使用则有着更为严格的要求,2023 年自然资源部发布的《公开地图内容表示规范》对地图的表示规范做了详细的要求。在此不做赘述。

出版物的插图和表格中,文字差错是插图和表格内容差错最常见的原因之一。尤其是图片经过修图后,要仔细核对,否则会遗留大量的文字差错,极大影响编校质量。下面两例图片中存在着文字录入错误。

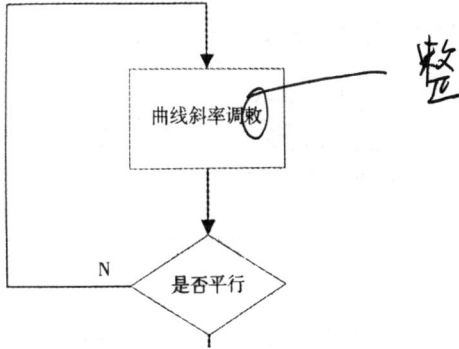

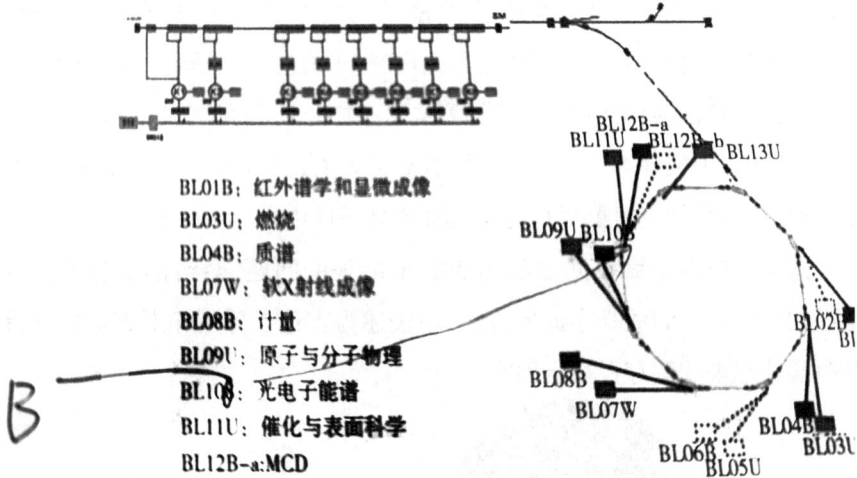

图号标注错误,导致正文中提到的内容与插图内容不符,经常是由于图

片增删,而正文未做相应的调整。编辑加工时,需读懂插图和正文表达的意思,以便发现并消除此类差错。下例中"如图1.2和图1.3所示",实际应为图1.2,可能是因为原图1.3删去或并入图1.2,文字叙述没有调整。

MCM-22分子筛含有两个独立的孔道结构:一种是二维的十元环正弦孔道结构(4.0 Å×5.9 Å)以及位于晶体外表面的十二元环孔道结构,它的深度约为7 Å。如图1.2和图1.3所示。

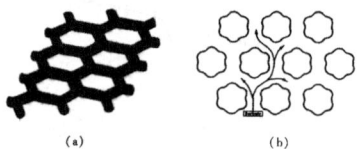

(a)　　　　　　　　　　(b)

图1.2　(a)MCM-22正弦孔道拓扑图和(b)孔道内部分子扩散方式图

从外文资料中引用的插图、表格经常存在大量的外文单词,会对阅读造成一定的障碍。《学术出版规范 科学技术名词》(CY/T 119—2015)4.4指出:"未经国家有关机构审定公布的字母词在文中首次出现时,应以括注方式注明中文译名。"《图书编校质量差错判定和计算方法》(CY/T 266—2023)1-20则指出,非常用字母词首次出现,未加注中文译名,每处计0.5个差错。其中包括两种情形:1.非学术类图书中首次使用工具书未收录的字母词,未加注中文译名;2.学术类图书不符合CY/T 119—2015中4.4的规定。因此,编辑加工时要尽可能将其准确翻译成中文。

图文不符也是编排插图的出版物常出现的问题,会给读者造成误导。下面的插图中绘制的是小提琴,正文中表述为吉他。差别相对细微的图片,有时辨认起来的确存在一定困难。

小松鼠坐在……
……地弹吉他。

绘制的插图本身已出现差错。下面两例分别是钟表的表针位置不符合实际情况,同一个人物镜像造成装扮前后不一致。

学术类的插图,则往往需要认真分析插图的每个细节。下面的例子是柱层析法的原理,第 2 个步骤"上样"还没有将相应组分淋洗下来,因此示意图下方的表示方法不准确。

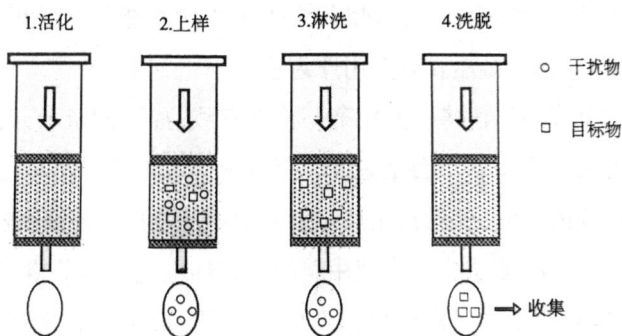

插图和表格尤其应注意内容导向问题。特别是低幼读物,一旦出现导向问题,不仅会给处于认知发展阶段的读者带来不良的影响,同时也会影响出版单位和责任编辑的声誉乃至前途。这就需要文字工作者提高防范意识,增强敏感性,拓宽知识面,预判潜在的风险。出版单位各个环节严格把关,有效发现并消除问题。当然,质检人员和广大媒体也需要正确引导,既重视此类差错,也要避免杯弓蛇影、过度炒作,理性看待问题,营造良性的出版环境。

二、形式问题

《学术出版规范　表格》和《学术出版规范　插图》对表格和插图形式的规范篇幅均较大,因为其形式是区别于一般性文字的重要依据,且变化多样,情况复杂,需要面面俱到。这样消除了很多以往含糊不清的做法,使得表格和插图的编排形式有章可循。以下列举几个容易忽视的方面。

科技类图书的表格中,三线表是一种重要形式,因为三线表简洁而且美观。最基本的三线表只有三条线,但并不意味着三线表必须只有三条线。必要的时候,三线表中需要添加辅助线。有的编辑对三线表的认识存在偏差,要么不注意使用三线表,同一本书中表格形式五花八门,要么过分拘泥于三条线,致使表格中的内容存在理解上的障碍。例如,有的表格中的每一格的内容都包含很多文字或很多条目,要排好几行,这时行与行之间宜增加横线,否则就无法分清哪几行或者哪些条目属于一个单元格,致使读者完全理解不了表格中的内容,这样表格就失去了表达的意义。因此,当美观性和实用性抵触的时候,必然要以实用性为重。

传统的全线表习惯将左上角第一格加斜线,如下例所示,两侧分别表示横竖两个方向表头中各项目的总称。计算机 excel 等软件的教程中也讲授表头中加斜线的方法,可见其在日常生活中使用之广。然而《学术出版规范　表格》中则要求,表头中不应使用斜线。这样左上角的一格只能概括其下方一列的内容,而不可以横向概括右侧各项目,如需介绍右侧项目,只能在这些项目上方加一条横线,横线上方是这些项目的总称。这就与很多作者的习惯不相符,需要改动。

项目 \ 村庄	人口总数	鄂温克族人口数	鄂温克族比例
索伦村(原鄂温克村)	1065	266	约25%
百路村	845	227	约26.9%

而像下例这样较复杂的表格,如年鉴类数据规模庞大的书稿,将表格规范化不是一件容易的事,甚至需要拆分成多个表格,编辑往往需要做大量复杂的工作来描述修改的方法。

年 份	地区生产总值	第一产业	第二产业	第三产业	人均地区生产总值(元)
绝对数(万元)					
1980	80078	19782	39743	20553	
1985	166604	44918	73407	48279	
1990	345296	83530	130268	131498	
1991	387771	83235	142272	162263	
1992	449459	94388	162136	192935	
1993	514006	109283	187638	217085	
1994	659316	185860	215795	257661	
1995	787085	209860	254170	323056	
1996	897867	244688	277052	376127	
1997	973096	252700	291768	428629	
1998	1108951	245385	320701	542865	
1999	1133855	217781	336304	579770	
2000	1227891	242633	356655	628604	
2001	1350438	273344	373415	703679	
2002	1410471	223736	409552	777182	
2003	1553276	269438	447441	836396	
2004	1719122	301767	507139	910216	
2005	1960871	344561	592795	1023515	
2006	2198115	380781	657996	1159339	
2007	2599298	494339	760726	1344233	
2008	3042658	607151	902247	1533260	
2009	3562893	650707	1066136	1846051	
2010	4185519	788233	1205417	2191869	
2011	5047484	1002942	1428517	2616026	18193
2012	5852162	1251575	1582840	3017747	21440
2013	6482543	1457241	1582389	3442913	24090
2014	6934411	1549938	1632257	3752216	26147
2015	7185147	1593196	1627457	3964494	27502
2016	7461243	1586769	1717575	4156900	29071
2017	7899576	1763566	1720511	4415500	31444
2018	7839341	1634831	1743637	4460873	31951
2019	8264224	1791012	1758957	4714255	34571
2020	8268100	1973466	1772840	4521794	35661
2021	8750489	2113560	1882866	4754063	38716
年平均增长(%)					
"六五"时期	11.1	11.1	11.6	10.4	
"七五"时期	7.4	6.1	3.9	12.2	
"八五"时期	7.5	4.2	6.8	10.3	
"九五"时期	7.1	1.0	6.2	10.8	
"十五"时期	8.2	6.7	9.2	8.2	
"十一五"时期	11.5	7.8	15.3	10.3	
"十二五"时期	9.4	6.7	8.7	10.7	
"十三五"时期	3.4	3.5	2.5	3.7	5.9

如果表格行多栏少，竖长横窄，可将表格纵向切断，转成两栏或多栏。表格转栏排后，横表头相同，纵表头不同，各栏的行数应相等，栏间应以双竖细线相隔。双竖线中间为中空，即横线不穿过双竖线。跨页时，应先在上一页转栏，之后再跨页，而非将转栏得到的表格直接切割跨页。这样编排有利于阅读，但会给排版工作造成一定的麻烦，只要串版，表格的编排就需要做出调整。

按照《有关量、单位和符号的一般原则》(GB/T 3101—93)以及《学术出版规范　表格》的要求，表头应采用"物理量/单位"的形式表示其下方数字的含义，这与很多作者使用"物理量(单位)"的习惯有所不同。还有的在表格下半部分插入与表头内容不符的项目，或者表格中单位不一致的情况下统一在右上方标注"单位:××、××"，这都是不符合表格的使用规范的。

此外，关于插图的编排，《学术论文编写规则》(GB/T 7713.2—2022)还对不同类型的插图做了补充规定：

1. 坐标曲线图的标目应分别置于横、纵坐标轴的外侧，一般居中排。横坐标标目应自左至右；纵坐标标目应自下而上，"顶左底右"；如有右侧纵坐标，其标目排法同左侧。当标目同时用量和单位表示时，应采用"量的符号或名称/单位符号"的标准化形式，如 $c_B/(mol/L)$、B 的浓度/(mol/L)、$BMI/(kg/m^2)$(BMI 为身体质量指数的缩写词)。

2. 照片图的主题和主要显示部分应轮廓鲜明。如采用放大或缩小的复制品，应图像清晰、反差适中。照片上应有表示目的物尺寸的标度。

3. 构造图、装配图中的尺寸数据如具有相同的单位，宜将共同单位标注在图的右下角或左下角，写作"单位:××"。

值得注意的是，《学术出版规范　表格》和《学术出版规范　插图》分别规定表注(包括全表注和内容注)、图注(仅图元注)末尾均应用句号，这一点与《标点符号用法》(GB/T 15834—2011)附录 A 中"图或表的短语式说明文字,中间可用逗号,但末尾不用句号。即使有时说明文字较长,前面的语段已出现句号,最后结尾处仍不用句号"的规定较容易混淆,《标点符号用法》这一规定较为笼统,通常可认为仅指图题和表题。《学术论文编写规则》(GB/T 7713.2—2022)5.4.3 和 5.5.3 则分别规定,"图注或说明的末尾应加'。'""表注的末尾应加'。'"。即使参照的标准不一或对标准的理解不一,也要做到全书体例统一。

综上所述,有关插图和表格的标准规范在不断完善细化,扫清了编校实际中遇到的障碍,但仍有细化的空间,有待探讨的问题还有很多。当然,插图和表格的内容是千变万化的,也决定了其中的差错也是千差万别的。在规范性和灵活性之前需要找到一个合理的尺度,在保障导向正确、内容准确的基础上,既合乎规范要求,又不限制合理的表示方法,让插图和表格更好地为文字服务。

关于标点符号用法的几个常见问题的思考

ICS 01.140.10
A 18

中华人民共和国国家标准

GB/T 15834—2011
代替 GB/T 15834—1995

标 点 符 号 用 法

General rules for punctuation

2011-12-30 发布　　　2012-06-01 实施

中华人民共和国国家质量监督检验检疫总局
中国国家标准化管理委员会　发布

标点符号是文字重要的辅助工具，对文字的表达起到重要的作用。因此，判断标点符号的使用正确与否，最根本的还是要看它是否让语句的意思得以正确表达。在图书编校质量检查当中不难发现，尽管标点符号错误仅计 0.1 个差错，但它往往会影响句子意思的表达，甚至造成理解上的错误。目前，国家标准《标点符号用法》（GB/T 15834—2011）对出版物中标点符号的用法做了比较细致的规范，标点符号的使用基本上都有章可循。然而，仍有一些细节问题在国家标准中没有规定得特别具体，导致目前对于一些用法的正误或优劣存在争议，图书质量检查过程中对这类问题也经常因各界的认识不一而举棋不定。笔者在此列举一些常见的比较模糊的问题，阐述目前编校工作者和笔者对这些问题的判断。

一、并列的书名号、引号之间顿号的使用

《标点符号用法》中，4.5.3.5 规定："标有引号的并列成分之间、标有书名号的并列成分之间通常不用顿号。若有其他成分插在并列的引号之间或并列的书名号之间（如引语或书名号之后还有括注），宜用顿号。"有其他成

分(包括括注、"和"等连词)插入的时候宜用顿号,这一点已经很明确了,这里只讨论不含其他成分的情况。很显然,"通常"不用顿号并不意味着一定不能用顿号。[1-2]然而,目前很多人对此的解读是:加了顿号就是错误的。更有甚者,在图书质量检查中把这种情况计为差错。笔者认为这种观点过于武断。

第一,标有引号的并列成分之间、标有书名号的并列成分之间使用顿号并不是原则问题。《标点符号用法》还有一些关于"通常"的表述,例如4.5.3.4:"相邻或相近两数字连用表示概数通常不用顿号。若相邻两数字连用为缩略形式,宜用顿号。"表示约数时加顿号是不妥的,是不是推而广之,并列的引号和书名号之间加顿号同样也是不正确的? 笔者认为,两种情况不同。数字之间加顿号表示并列,例如三、四月份表示三月份和四月份两个月,而不加顿号则表示估计,有可能三月份,也有可能四月份。因此,这里的顿号加与不加意义是有区别的,表示概数"通常"不用顿号实则意味着"不宜用顿号"。并列的引号和书名号之间则不然。加上顿号不仅不会造成表意错误,反而使得意义表达更清晰。按照一些相关书籍的解释,省略顿号是出于节约原则,可用可不用的时候不用,避免版面的"满纸黑瓜子"的现象。可见,用不用顿号仅仅是"是否美观"或"是否节约"的问题。

第二,某些情况下省略顿号反而不妥。前面提到,省略顿号主要是出于美观的考虑,但是当美观性和实用性发生冲突的时候,毫无疑问,美观性要让位于实用性。换句话说,当不用顿号会造成表意的混乱时,就不应该仅仅出于"美观"而简单教条地删掉顿号。对于并列的书名号,影响并不是很大,容易产生误解的只有两个存在包含关系的书名或文章名先后出现的情况,但通常会把这种情况处理成间隔号的形式以避免混淆,例如《孟子》《离娄上》通常写作《孟子·离娄上》。引号就不同了。例如:

(1)把"体内垃圾""抛"到体外。

显然,例句中"体内垃圾"是状语中的宾语,"抛"是谓语,都带有特殊含义,因此都用了引号,主语和谓语之间、状语和谓语之间显然不能用顿号,但是并列的引号之间也都不加顿号,怎么区分这种情况下引号之间到底是不是并列关系呢?如果说在这句话中勉强还能从意思来判断的话,那么下面的例子如果随便去掉顿号就混乱了:

(2)"跌宕""跌荡"、"勾画""勾划"互为异形词。

还有个更为经典的例子:

(3)宗教作为"现实苦难的抗议"、"无情世界的感情"、"装饰在锁链上的""虚幻的花朵",就是人类追求崇高的一种表征,又是崇高的一种异化形态。

上例如果去掉顿号,那么偏正短语"装饰在锁链上的""虚幻的花朵"就跟前两个并列成分混在一起,变成了四个并列成分,表意彻底错误。

第三,在编校实践中和实际语言环境中,标有引号的并列成分之间、标有书名号的并列成分之间用顿号的情况十分普遍。一些重要文献以及博物馆、展览馆的展板往往还习惯于使用顿号,认为随意省略在道理上并不十分合理。特别是很多书稿的作者,他们认可编辑对标点符号误用的修改,但对此处删除顿号的做法并不理解。甚至,国家标准《汉语拼音正词法基本规则》(GB/T 16159—2012)中仍然有这样的用法:

(4)指示代词"这"、"那",疑问代词"哪"与后面的名词或量词,分写。

(5)"各"、"每"、"某"、"本"、"该"、"我"、"你"等与后面的名词或量词,分写。

这些用法没有任何表意上的差错,也符合很多人的使用习惯,不应该过分解读为"不正确"。

此外，还有一种关于多个并列成分的引号的简化处理方法，即只在这些并列成分的最外面加引号，中间用顿号连接。比如例句(5)中"各"、"每"、"某"、"本"、"该"、"我"、"你"可改为"各、每、某、本、该、我、你"，以求简洁。但是 GB/T 15834—2011 中并没有这样的用法，笔者认为这种简化方法容易使读者误认为引号中的各并列成分是一个整体，而非对各个并列成分分别强调或引用，有表意不明的缺陷。

二、关于顿号和逗号的分工

《标点符号用法》中提到，顿号表示语段中并列词语之间或某些序次语之后的停顿。在附录 B 中又提到，逗号和顿号都表示停顿，但逗号表示的停顿长，顿号表示的停顿短。并列词语之间的停顿一般用顿号，但当并列词语较长或其后有语气词时，为了表示稍长一点的停顿，也可用逗号。当存在不同层级并列的时候，顿号和逗号分别表示不同的层级，这一点已经很明确。[3] 而只有一个层级的时候，顿号和逗号的使用往往就会出现标准不一致的情况。并列词语究竟怎样算长，怎样算短呢？ 一个很重要的原则就是不产生歧义。标点符号最根本的任务是明确表达含义。如果很明确地表示并列，即使不是很长的词语，用逗号也不能算是绝对的错误。但是，如果用逗号连接并列成分影响理解，就另当别论了。例如：

(6)坚持早睡早起、少吃多餐有利于健康长寿。

(7)张三、李四不是合格的员工。

例句(6)中，用顿号可以很明确地表示"早睡早起"和"少吃多餐"都是"坚持"的宾语，动宾短语做主语，但如果把顿号改为逗号，意义就不明确了：究竟只有"少吃多餐"利于健康长寿，还是二者都有利？ 同样，例句(7)中，如果改成逗号，很容易理解成对张三说李四不是合格的员工。这个时候，顿号和逗号就有了明确的分工。

此外,科技类图书中,如果存在数学公式,则顿号和逗号的使用也存在争议。[4]按照《标点符号用法》以及汉语的习惯,并列的词之间使用顿号。《中文出版物夹用英文的编辑规范》(CY/T 154—2017)也指出,中文句子内夹用两个或两个以上关系并列的英文字母、单词或词组时,中间宜使用中文顿号,并列举了"指示牌上 e、i 和 u 这三个字母印得模糊不清"等四个例子。而数学中的习惯则类似于英文,并列的字符之间习惯用逗号。如果图书中既有大段中文,又夹杂使用数学公式,那么顿号、逗号的使用成了一个两难的问题。《中文出版物夹用英文的编辑规范》通常采取根据语境处理的原则,但"语境"毕竟还是比较模糊,一旦难以明确区分语境,用法就五花八门了。例如,"a,b,c 三个变量"和"a、b、c 三个变量"两种用法,不同的书稿中就会有不同的处理。笔者认为,数学公式的环境中,用逗号表示这些字符的并列也不会产生歧义,没有汉语并列成分中那些层级嵌套或语法结构问题,不应算错误。只要同一场合统一处理,不影响理解即可。

三、关于"以及(及)"

《标点符号用法》"逗号用法补充规则"中讲道,用顿号表示较长、较多或较复杂的并列成分之间的停顿时,最后一个成分前可用"以及(及)"进行连接,"以及(及)"之前应用逗号。

对于这一点,不同的编辑有不同的理解。有的人认为,只要遇到"以及(及)",前面必须加逗号;也有的人认为,只要有长一点的并列成分,最后一项前就必须加逗号和"以及(及)";甚至还有的人认为,所有并列的情况,最后一项都必须加逗号和"以及(及)"。这些观点都过于绝对。国标里的关键点有三:并列成分较长、较多或较复杂;可用而非必须用;"以及(及)"之前用的点号应该是逗号而非顿号。例如,"琴、棋、书、画样样精通"没有必要改成"琴、棋、书,以及画样样精通","天时、地利以及人和乃成功之三大要素"也没必要改成"天时、地利,以及人和乃成功之三大要素",否则都是画蛇添足。

"以及"和"及"的情况也存在细微的差别。有人认为"以及"之前可以使用逗号，而"及"之前不可以使用逗号。[5]虽然在编校实践中大体上确实如此，但国标中并没有对二者加以区分。与此类似的还有"等"和"等等"，国标中只规定：并列成分之间用顿号，末尾的并列成分之后用"等""等等"类词前不用顿号或其他点号；并列成分之间用逗号，末尾的并列成分之后用"等"类词时，"等"类词前应用逗号。然而实际当中，后一种情况下通常只有"等等"之前用逗号，"等"之前除了文后参考文献之外就很少有用逗号的了。毕竟逗号连接的并列成分，末尾的"等"字即使不加逗号，将它解释成仅对最后一项的省略也未尝不可，是可以变通的，因此无法计错。国标所列举的两个例句也巧妙地规避了这个问题，"等"只列举了顿号的情况，"等等"只列举了逗号的情况。因此，"以及"和"及"，包括"等"和"等等"的问题仍是比较含糊的，有待规范。

四、关于分号、冒号等的层级问题

《标点符号用法》对于标点符号的层级做了如下规定："句内点号中，顿号表示的停顿最短、层次最低，通常只能表示并列词语之间的停顿；分号表示的停顿最长、层次最高，可以用来表示复句的第一层分句之间的停顿；逗号介于两者之间，既可表示并列词语之间的停顿，也可表示复句中分句之间的停顿。若分句内部已用逗号，分句之间就应用分号。用分号隔开的几个并列分句不能由逗号统领或总结。""通常情况下，各种点号表示的停顿由长到短为：句号＝问号＝叹号＞冒号（指涵盖范围为一句话的冒号）＞分号＞逗号＞顿号。"

关于顿号、逗号和分号的层次已经很明确，大套小而不可小套大。在编校实践中，"用分号隔开的几个并列分句不能由逗号统领或总结"这一点经常被忽视。其实这一点道理上很简单，表示统领或总结的句子是总-分结构或分-总结构，第一层次必然是总-分或分-总，各个分句之间的并列只能是第二层次，因此第一层次用逗号而第二层次用分号显然是不妥的。然而，有

些成分是否为统领或总结成分,还比较模糊。例如:

(8)儿童用药须注意以下三点,第一,忌用强刺激性药物;第二,宜减少用药次数;第三,涂药宜薄而均匀。

(9)作为教师,首先要严于律己,端正态度;其次要以学生为本,摆正位置;最后要与时俱进,有学习意识。

显然,(8)中"以下三点"带有明确的提示下文的意思,因此它后面的逗号必然要改为冒号。而(9)中,"作为教师"是否算统领成分,就存在不同的观点了。如果将它理解成第一个分句的一个前置状语,后几个分句只不过省略了这个状语,也未尝不可,这样就不存在逗号统领的问题,况且在状语后用冒号也并不妥当。

此外,GB/T 15834—2011中规定,冒号提示范围无论大小(一句话、几句话甚至几段话),都应与提示性话语保持一致(即在该范围的末尾要用句号点断)。应避免冒号涵盖范围过窄或过宽。可见,冒号提示的范围后面只能用句号。这样看,下面一个常见的用法便是欠妥的:

(10)白砂糖:20克;食盐:3克;米醋:10克;料酒:10克。

冒号可以统领分号,它的提示范围要大于分号,因此上例中分号里面包含冒号就不妥当了。此外,在没有引号或括号等参与的情况下,冒号嵌套冒号也会造成层级的混乱,应尽量避免。

五、竖版文字的书名号

目前在中国大陆,竖排文字除了古籍类图书之外很少采用,通常只在书名或页眉中出现。GB/T 15834—2011中对竖排文稿标点符号的位置和书写形式有专门的规定。其中,对书名号的规定是:竖排文稿中使用浪线式书名号"〰〰〰",标在相应文字的左侧。对于其他标点的竖排形式基本上没有异议,但对于竖排文字中的书名号,目前存在较大的争议。目前,竖排的书名或页眉中几乎没有采用浪线式书名号的,通常都采用"《》"旋转90°的形式。

《咬文嚼字》中曾有一篇文章题为《竖排文稿必须用浪线式书名号吗》[6],专门就此问题进行了讨论。一方面,国标中这句话很容易被理解为凡竖排文稿,都要用浪线式书名号。其实这里只是一种假设,即竖排文稿中如果使用浪线式书名号,那么应该标在相应文字的左侧。标准所需要规定的,是竖排文稿中浪线式书名号的位置。可惜缺了"如果"二字,意思有点含糊。另一方面,浪线式书名号的使用范围是很狭窄的。只有文稿中使用了专名号,才会考虑使用浪线式书名号。因为书名也属于"特定类专有名词",为了保持形式上的和谐和统一,标准规定,为与专名号配合,书名号也可改用浪线式,这可以看作是特殊的专名号或特殊的书名号。标准说的是"也可改用",并不是一定要用。如果连专名号也没出现,那么和专名号配套的浪线式书名号自然就更不是一定要用的。

由此可见,如今竖排的书名或页眉中采用的"《》"旋转90°的形式并非不正确,这一点,还希望国标能够进一步明确,避免执行过程中造成困惑。

六、关于连接号

根据《标点符号用法》,连接号有短横线、一字线和浪纹线三种。后两者的使用场合比较接近,短横线的用法在理论上跟后两者有一定区别。

关于一字线和浪纹线,GB/T 15834—2011规定,标示下列各种情况,一般用一字线,有时也可用浪纹线:a)标示相关项目(如时间、地域等)的起止。b)标示数值范围(由阿拉伯数字或汉字数字构成)的起止。对此,有人认为,"一般用一字线,有时也可用浪纹线"说明标示起止和数值范围时应该用一字线,一般不要用浪纹线;也有人认为,情况a)的举例用的都是一字线,情况b)的举例用的都是浪纹线,因此标示相关项目的起止要用一字线,而标示数值范围的起止要用浪纹线,二者不可以混用。[7]笔者认为,这两种观点都未免有些片面。应该说,两种符号的用法比较相似,实际使用都比较多。"标示下列各种情况,一般用一字线,有时也可用浪纹线"说得很明白,二者混用并不能认为是原则性错误,在科技类图书中使用浪纹线较多,是因为一字线容易跟减号、汉字一等混淆,造成理解上的差错,认为应该避免使用浪纹线更是没有道理。

虽然《标点符号用法》只规定了一种"短横线",但是在实际的书稿中,"短横线"却常有两种不同的形式,即"半字线"和"连字符"。"半字线"的长度是汉字的一半,但占一个字的位置,而"连字符"的长度则是汉字的四分之一。连字符常作为英文标点,但国标中的短横线就是"连字符"的形式。这样,就很难按照国标的规定来区分这两种"短横线"的使用场合了。目前,通常在汉语语境中使用半字线,而英语等语境中则使用连字符,但如前所述,语境毕竟是一个模糊的概念,汉语和英语混杂的情况下往往很难判断,这也需要全书统一一个合理的标准,避免随意混用。

综上,尽管《标点符号用法》对汉语中使用的标点符号的用法有比较详细的规定,但由于实际使用的复杂性,几乎不可能对所有的细节、所有的情况面面俱到,在需要使用者根据自己的理解加以判断的时候,往往就容易存在争议。笔者的理解只是一家之言,是对实际书稿当中遇到的几种模棱两可的问题的一点感想,期待标准不断完善、模糊问题不断得到澄清,让图书的编校以及质量检查多一些理性,少一些主观臆断,避免争议的存在影响图书质量的判断。

参考文献

[1]王泽坤,韩迎春.引号和书名号连用"通常"不加顿号[J].秘书,2015,338(2):35-36.

[2]向倩.例谈引号连用时的顿号使用[J].办公室业务,2012(7):128.

[3]王沁萍,李军纪.顿号和逗号使用中的几个问题探析[J].基础医学

教育,2014,16(12):1115-1116.

[4]王国华.中文科技类图书中顿号、逗号使用辨析[J].现代出版,2012(3):58-59.

[5]曾红梅.谈谈标点符号用法的规范化——关于贯彻执行新国标 GB/T 15834—2011 的探讨[J].编辑之友,2013(11):78-80.

[6]辛彪.竖排文稿必须用浪线式书名号吗[J].咬文嚼字,2013(2):51-52.

[7]杜永道.新版《标点符号用法》中应注意的几个细节[J].秘书工作,2014(12):65-67.

浅谈参考文献与引文的质量把控

出版物中,尤其是学术类的出版物,参考文献和引文几乎成了必不可少的部分。作者或者旁征博引以佐证自己的观点,或者由他人观点的启发提出自己的新观点,都少不了引用文献。除此之外,论文的撰写规范中也通常对引文的格式、参考文献的数量和格式有着较明确的要求。这部分内容和格式相对严谨,存在差错即为"硬伤",但核查引文和参考文献又是一项烦琐枯燥的工作,会给作者和编辑带来很重的工作负担。要保障出版物的质量,就必须解决好这一对矛盾。本文将首先对国家标准《信息与文献 参考文献著录规则》(GB/T 7714—2015)中易忽视的要点,结合该标准起草人之一陈浩元老师的课件进行简单分析,简要介绍行业标准《学术出版规范 引文》(CY/T 122—2015),并以举例的方式分别谈一谈参考文献和引文的核查方法、核查过程中的常见问题及核查的难点,探索把控参考文献与引文质量、消灭差错的路径。

一、《信息与文献 参考文献著录规则》(GB/T 7714—2015)新规则和易错点浅析

国家标准《信息与文献 参考文献著录规则》(GB/T 7714—2015)代替了《文后参考文献著录规则》(GB/T 7714—2005),并在前言中列举了新老标

准的主要变化,通过这些变化可以看出标准起草时导向的变化。

1. 标准名称的变化,"文后参考文献"变为"信息与文献　参考文献",其定义增加"位于文末或文中的信息源",10.1"顺序编码制"中增加"如果顺序编码制用脚注方式时,序号可由计算机自动生成圈码"一句话,足以说明其适用范围有所扩大,已不限于文后参考文献。

2. 著录用文字,必要时可用双语。用双语著录参考文献时,先用信息资源的原语种著录,然后用其他语种著录。

3. "用汉语拼音书写的中国著者姓名不得缩写"的规定改为"姓全大写,其名可缩写,取每个汉字拼音的首字母"。对于欧美著者姓名的前缀,按以下规律著录:英语国家著者将前缀(d′、de、du、de la、van、van der、von)作为姓的一部分著录,用大写字母;法语国家著者冠词(le、la 等)作为姓的一部分著录,介词(de 等)作为名的一部分著录;德语国家著者 van、von、von der、von und zu 前缀作为名的一部分著录,其余前缀(am、vom 等)作为姓的一部分著录。不宜将发布者著录为主要责任者。

4. 多次引用同一文献,在正文中标注首次引用的序号,并在序号外的"[ ]"外著录不同的引文页码。文献表中不再重复著录引文页码。正文中起止序号和文献表中起止页码间用短横线连接,两个连续序号(如[5-6])之间也用短横线连接,不用逗号。

5. 专利文献题名项中去掉了专利国别的标注要求。报告号、标准号作为"其他题名信息"著录,《××××学报(××××版)》中的"××××版"不再作为"其他题名信息"著录。会议录的著录形式较为灵活,可包括会议名称、开会地点、时间等内容,以快速准确查找到为目的,不必拘泥于固定的格式。学位论文著录时不必进行细分。

6. 阅读型参考文献的页码著录文章的起讫页或起始页,引文型参考文献的页码著录引用信息所在页。引自序言或扉页题词的页码可按实际情况著录。

7. 电子资源方括号内的引用日期变为必备项目,不再仅限于"联机文献必备"。互联网中的电子资源,"获取和访问路径"是必备著录项目。增加"数字对象唯一标识符",获取和访问路径中不含数字对象唯一标识符时,可依据原文如实著录数字对象唯一标识符,否则可省略。

《信息与文献　参考文献著录规则》(GB/T 7714—2015)标准内容较为庞杂,细节较多,易忽视之处较多。以上几项主要涉及新标准的变化,也涉及部分易忽视的点。在著录参考文献时,一方面要保障内容的准确,另一方面要确保格式规范,以便于读者检索和确保图书编校质量。

二、参考文献的核查

要保证参考文献中信息的准确性,除了作者撰写时应严谨之外,编辑的核查工作也必不可少。这项工作繁重枯燥,且容易忽视,但如果疏于核查导致信息有误,将造成编校差错,有时甚至是数量庞大的差错,直接影响编校质量检查结果。

参考文献信息的正误通常可用以下方法做出初步判断:

1. 质疑法:在审稿和编辑加工过程中,对参考文献中不规范或认为有错的内容提出疑问,然后通过网络对有疑问的内容查找核对,改正其中的错误。

2. 对比法:将多次出现的同一文献进行对比来发现错误。

(1)文后参考文献表中所出现的同一个文献,其隐性的错误主要表现在同一文献的卷、期上,可对有疑问的文献进行核查。

(2)对文中所描述的文献和文后的文献进行比对,这种情况主要是作者在表述时可能内容相同,但文献的责任人不同,这就要通过将文中表述的文献和文后文献表中的文献相互比对,来找出差错。

以上方法有助于在浩如烟海的参考文献中快速定位到差错,但灭错的根本方法还是逐一核查。例如下面的例子,2001年12月的事件,所引用的文献日期为2001年1月5日,显然是不符合情理的,这就要求我们进一步确认究竟是二者之一日期有误,还是引用的文献和出处对应有误。

(五)关于"国际标准"的概念

2001 年 12 月,国家质量监督检验检疫总局颁布的《采用国际标准管理办法》第三条规定:国际标准是指 ISO(国际标准化组织)、IEC(国际电工委员会)和 ITU(国际电信联盟)制定的标准,以及国际标准化组织确认并公布的其他国际组织制定的标准①。相关的国际标准组织、机构主要有:ISO、CAC(食品法典委员会)、FDA(美国食品与药物管理局)、EU/EC(欧盟指令条例)、IFOAM(国际有机农业运动联盟)。

(六)关于"采用国际标准"的概念

根据《采用国际标准管理办法》的规定,采用国际标准是指将国际标准的内容,经过分析研究和试验验证,等同或修改转化为我国标准(包括国家标准、行

---

① 国家质量监督检验检疫总局:《采用国际标准管理办法》,《国际商报》2001 年 1 月 5 日。

目前互联网日渐发达,核查参考文献的途径和便利程度大大增加,这是保障参考文献准确性的一大优势。参考文献的类型不同,核查的工具也不尽相同。国内期刊文章主要依靠知网、万方等平台来检索,也可辅助一些文库类网站或搜索引擎,国外期刊则主要依靠国际搜索引擎及一些大型数据库;图书则可通过读秀、国家图书馆文津搜索等工具,辅以一些图书销售平台(尤其是二手图书销售平台)中卖家提供的信息;古籍还有一些专门的搜索平台供检索。大部分文献通过常用工具即可检索,但也有些古老、稀有或冷门文献不便于查找,往往需要多渠道广泛查找。

参考文献著录过程的复杂性决定了其各部分均有存在错误的可能。主要责任者常见差错有著者姓名的错漏,中文著者姓名别字、颠倒字,外文著者姓名拼写错误、姓与名搞混或一人误作多人致缩写错误,参考文献与正文不对应,误将网站名、发布者等作为主要责任者等;题名项主要为别字、多字、少字、颠倒字(尤其虚词)或拼写错误;版本项多见格式差错;出版地常见城市错或将城市名误写成省、州等的名称;出版者易将名称相似

的出版单位搞混;出版年多见版本不对应的情况;卷、期等信息则常误录为其他数字信息;等等。错误类型林林总总。需注意的是,与原始文献做到完全一致虽能保证著录的准确性,但需要格外注意原始文献中是否存在表述不当的问题,否则也容易造成较严重的政治性差错。这样的文献尽量不要收录。

核查的过程中也需要尽可能找到第一手资料或扫描件、照片等,平台、网站转录的信息皆有出错的可能,可信度打了折扣,不宜作为依据。尤其一些年代久远的较冷僻的资料,查找困难,转引错误概率高。例如,某书稿中参考文献著录为:

华灵阿:《关于布特哈地区索伦、达斡尔、鄂伦春等族源流考》;
《有关达呼尔鄂伦春与索伦族历史资料》(第二辑);内蒙古东北少
数民族社会历史调查组1958年内刊本。

从形式上看,除了格式有待规范外,几部分信息的性质也不太好判断。由于是内部资料,常用平台无法查找。经查搜索引擎,此文献转引自某文章,原文中分号均为逗号,因此初步判断《关于布特哈地区索伦、达斡尔、鄂伦春等族源流考》为文章名,《有关达呼尔鄂伦春与索伦族历史资料》(第二辑)为所在内部资料的书名。查阅二手图书销售平台,查到了两个版本——1958年版(手写版)和1985年版(铅印版),两个版本内容因录入差错而存在出入。所引用的1958年版,书名当为《有关达呼尔鄂伦春与索伦族历史资料》,编印单位为"内蒙、东北少数民族社会历史调查组",由于只能看到目录,据目录核对,该篇文章的篇名当为《关于布特哈的索伦、达呼尔、鄂伦春等族源流考》。可见,该文献的篇名和编印单位均存在差错。

三、《学术出版规范　引文》(CY/T 122—2015)简述

学术性的出版物往往少不了引文,其作用不言而喻。针对引文,有行业标准《学术出版规范　引文》(CY/T 122—2015)来进行规范。其中对引文提出了四项基本要求:应引用与行文相关的词语、句子或段落;引用应完整、准确;引文应有出处;引文应与行文贯通。此外,该标准还对引文的标记、引文中的省略和引文的注释方面的细节做出了规定。该标准内容较为简洁清晰,因此此处不再赘述。

四、引文的核查

引文的核查也是一项烦琐的工作,除了核查纸质文献以外,互联网时代还可以动用读秀等网络资源。例如,通过读秀查找图书中的引文主要有三条途径,每条途径各有其利弊:

其一,通过"知识"直接查找引用的文字,进而查找该书的相关信息。优点是可以在搜索结果中直接找到该引文所在的书及页码,直截了当,方便快捷;缺点是使用易受限,一旦引用错误,便可能搜索不到结果,另外如果所在图书没有全文收录,也无法查找到。

其二,通过"图书"先找到所在图书,然后定位到相应页码核对。优点是图书搜索结果比内容搜索结果通常更易查找到目标;缺点是很多图书只能部分阅读或者完全不能阅读内容,前者给查找到该页码带来麻烦,后者则无法查找,且一旦引文页码标注错误,查找起来也十分困难。

其三，通过"图书馆文献传递"查找。对于不能全文阅读但可以文献传递的书，传递想要查找的页码范围，填写电子邮箱即可在该邮箱中收到相应页面的链接。优点是可根据需要查看相应页码的内容，针对性强；缺点是传递的页面数量存在限制，需要的范围过大则无法在规定时效内实现。

核查期刊文章中的引文，只要下载该文章的电子版（PDF 文件）即可，尽量不采用转录的信息，以免错误。

引文的错误多集中在引用的内容与原文存在出入甚至虚构引文、页码标注错误以及引用的版本错误等方面。格式上，注码及标点的使用（如引号与点号的位置关系、注码与引号和点号的位置关系等）也易出现差错。

一些较为疑难的引文，限于查找途径和技术手段、版本差异等因素，其核查往往很难一蹴而就，甚至需要结合多方面依据综合判断。

古文引文的核查较之现代文文献难度大，耗时长。古籍库中的资源多为录入的电子资源，便于检索，但若要定位特定的版本和页码则不太适用。纸质版本文献（包括扫描版 PDF 文件和语料库中检索到的纸质图书扫描页面）对于查证特定版本特定页码的引文较为适用，但检索起来较为困难。特别是一些古籍不分章节、未点校，如引文未标注准确页码，在文献里漫无目的泛泛地查找，耗时将更长。此时有必要适当掌握文献的编排体例、内容安排。例如此段引文将"十一日"错录为"十五日"，改变了原意（右侧竖排文字为原始文献）。

《隋书·室韦传》记载："南室韦北行十五日至北室韦，分为九部落，绕吐纥山而居。其部落渠帅号乞引莫贺咄，每部有莫何弗三人以贰之。

南室韦北行十一日至北室韦，

另外，核查古文文献考查编辑对繁体字的识读能力，一些繁体字字形相像，加上限于当时的印刷手段，字迹模糊，或者字迹较为潦草的书法作品，需要根据意思来推断。这就造成引用会出现不同版本,如果转引,出现差误的概率很大。这就需要我们尽可能追根溯源,找到最原始的版本。

还有些较为冷僻的文献,可供查阅的文献极为稀少,无法找到最原始的文献,且能找到的各版本说法均不一。这时应该理解其意义,寻找较为合理的版本。例如某诗句引文"一水森茫浪拍天,吴侬画舫蛋人船",在语料库中无法直接查找到。通过上下句查找,结果也很少,但基本可以判断"森茫"当为"森茫","吴侬"当为"吴侬",而"蛋人"则有的写为"疍人",有的写为"蜑人"。"蛋""疍""蜑"三个字曾经确有渊源,如今《现代汉语词典》中"蜑"是"疍"的异体字,"疍户""疍民"都是水上居民的旧称,因此这里用"疍"相对规范。

有的引文甚至根本无法找到出处。例如,某书稿中称《清语摘钞》曾记录:

> 天命末年冬,太祖师次墨根城(即墨尔根,在黑龙江省,今则称之为抹拉根),征讨巴尔虎特部(打虎力之同种,今尚在深山中)。兵至乞降,太祖乃移师,循脑温江(即嫩泥江,今之嫩江也)岸,经齐齐哈尔,又拟入蒙古。途未半,巴尔虎特部又叛,围攻墨根城甚急。帝得耗,大惊,盖师已行千里矣(《太祖宝录》作六百里)。时有名费古烈者,所部兵皆着乌拉滑子(冰鞋名也),善冰行。以炮驾爬里,沿脑温冰层驰往救,一日夜行七百里。时城垂陷,满兵至,巴尔虎特尚弗知。及炮发,群疑兵自天降,围始解(见《清语摘钞》"乌拉滑子"注)。自是乌拉滑子之名大震,此为满兵军用溜冰之始。往时清帝校阅溜冰"摆山子"时,其领队者(即排头)官衔以译音,曰"费古烈,乌拉达",盖即志费古烈名而示不忘也。上所述,尝闻清廷冰鞋处承差之老人言如此。《清史》有费扬古及扬古烈二人传,无费古烈名,其殆相传之有误乎?上述之乌拉滑子,乃清代冰鞋之始。

一些介绍滑冰的出版物引用过该史料,但我们无法找到原始文献。有学者考证,此文献疑点很多,甚至其中提到的《清语摘钞》中根本没有"乌拉滑子"这一词条。这样的文献,其价值大打折扣。若作者随手引用了一条虚构的文献且编辑又未加考证,岂不是犯了以讹传讹的错误?

以上简单举了几例来说明参考文献和引文的核查方法以及常见问题,由此可见这些查起来枯燥烦琐,且常被编辑忽视的内容中可能隐藏大量的错误,对于出版物的编校质量构成了巨大的隐患。只有关注细节,不断打磨,才能尽可能多地发现并消灭其中隐藏的差错,提高编校质量,努力打造准确传承文化、读者满意的出版物。

试析质检结果的申辩

质检工作是对图书质量做出评判的重要工作。随着国家和各出版单位对图书质量的日益重视，无论是上级出版管理部门还是出版社内部，质检工作都有了越来越规范化的流程。但人无完人，质检人员的认知水平往往存在偏差，学科背景和知识储量各不相同，再加上时间紧迫等因素，对图书质量误判的情况并不少见。上级出版管理部门对图书质量一旦出现了误判，将对出版单位和责任编辑的利益造成损害；出版单位内部对本单位图书质量造成误判，也会影响出版图书产品质量和出版流程，如果差错率和责任编辑的利益挂钩，则也会影响责任编辑的利益和工作积极性。当编校质量出现误判时，申辩就成了尽可能消除误判、使检查结果趋于客观的重要途径。

《图书质量管理规定》提出，对于质检结果，"出版单位如有异议，可以在接到通知后 15 日内提出申辩意见，请求复检"。中央宣传部出版产品质量监督检测中心出版物质量检查的流程通常为"三审三核一反馈"，即双初审、初核→双复审、复核→双三审、三核，对质检结果充分研判，在尽可能做到公平公正、准确客观的基础上，将认定为不合格的品种反馈给出版单位予以申辩，进一步确保质检结果的准确性，体现了全过程的审慎和严谨。但在实际工作中，如果质检人员的工作时间延长造成质检结果的发布时间延迟，加上信息传达不及时，质检结果下达到责编手中，申辩的期限极短，准备申辩材料的时间仓促，则会让编辑乃至出版单位陷入极为被动的境地。此外，一些责任编辑对申辩的方法和重要性的认识不足，出版社往往因为担心编辑的工作态度出现问题，在编辑培训中并未深入地介绍申辩方法，造成编辑面对质检结果时不知道应该申辩，或不知道怎样申辩，进而放弃了追求合理质检结果的权利，或者无法做到合理申辩进而未达到预期的效果。本该合格的图书变得不合格，不是图书质检的目的。因此，质检人员应该本着对每一本图书、对知识和读者、对责任编辑的职业生涯认真负责的态度开展质检工作，责任编辑也应该提高认识和技能，谙熟标准，维护图书质量标准的权威性和自身利益。

笔者曾经参与过质检、申辩、仲裁等环节的工作。这里根据笔者在这些方面的点滴工作经验，结合不同的视角，谈一谈申辩的技巧，以帮助责任编辑和质检人员共同做好图书编校质量的客观认定。

一、申辩的思路

拿到"编校质量不合格"的结果后，责任编辑的第一反应往往是紧张、焦虑，甚至存在抗拒或自暴自弃的心理，这些都是不利于申辩工作开展的。首先应放平心态，认真查看检查结果中都指出了哪些差错，找到被检图书中的相应内容，理性分析哪些属于误判，可以申辩，哪些可以减小计错分值，哪些是板上钉钉的"硬伤"，无法申辩，等等。

根据差错的以上几种具体类型，便可以从"据理力争""大事化小""增大分母"等几个不同的方法入手，撰写申辩意见了。

申辩意见可以采取申辩书的形式，将申辩意见逐条列出，也可以采取表格的形式，在质检结果计错表格上增加一列，将申辩意见附在该列中。前者不受篇幅限制，后者则对照清晰，可以根据情况选择使用。但原则都是有理有据，切莫"强词夺理"。

（一）据理力争

如果确认某一差错属于误判的情况，则尽可能抓住自证"清白"的机会，找到令人信服的权威依据来证明书中内容的正确。因为有些差错，凭借复检人员的经验和对书中内容的把握即可做出判断，而有些需要依据来证明的问题或复杂差错，一旦不陈述出有力的依据和合理的思路，就很难说服复检人员改变结果。

例如，某书稿中，质检专家将引自清代文献中的语句"以次轮饮"改为"依次轮饮"，并计1处差错。这一句是《清朝野史大观》卷二《清宫遗闻》的原文，找到原文的截图就是最有力的申辩依据。因此此处不宜修改，计1处差错也缺乏道理。

又如，某书稿中质检专家将《中俄瑷珲条约》改为中俄《瑷珲条约》，并计1处差错。这时可以用权威工具书来作为依据申辩。查询《辞海》（上海辞书出版社第七版彩图本）第5699页有专门的词条"中俄瑷珲条约"，其释义为："亦称《中俄瑷珲和约》《瑷珲条约》。第二次鸦片战争期间沙俄用武力迫使清政府订立的不平等条约。"可见，此处的修改和计错都是没有道理的。

　　再如,"经济开发的深入引发了俄罗斯欧洲部分大量移民的涌入",质检专家认为"涌入"应改为"拥入",并计 1 处差错。

　　申辩意见是不宜计错。理由是:第一,在《咬文嚼字》2007 年第 11 期刊载的《"拥入"与"涌入"》这篇文章中分析了"涌入"与"拥入","拥入"是指人群互相用力挤着,一窝蜂地往里冲,强调的是争先恐后的情形,而"涌入"则是一个比喻的说法,此处把移民比作迅疾的水流,强调的是整体上的气势和速度,形象感强,因此,我们认为此处应该用"移民的涌入"。第二,通过语料库检索可知,"移民的涌入"有 6027 条语用例句,截图如下:

找到相关的条目6027 条,用时0.01 秒

移民实边政策与移民的涌入
» 第一节移民实边政策与移民的涌入… PDF下载 阅读
来自 张钟月著. 清代以来鸭绿江流域移民研究 1644-1931[M]. 2017

非法移民涌入墨西哥
来自 黄土康著. 出使拉美三国感怀[M]. 2008

移民的涌入及其对湖湘文化发展的促进
» 第二节移民的涌入及其对湖湘文化发展的促进近代湖南人中移民后裔所占比重相当高,这些移民大多是在宋元明清时期进入湖南。谭其骧先生曾依据道光《宝庆府志光绪《邵阳县乡土志光绪《…… 展开 PDF下载 阅读
来自 朱汉民总主编;肖永明主编. 湖湘文化通史 第3册 近古卷[M]. 2015

外来移民的涌入
» 2, 外来移民的涌入从先史时代开始,就不断有外移民进入日本列岛。最早用文字撰述的日本史籍《古事记》、《日本书纪》

可见，申辩要切中要害，依据要有足够的说服力，尽量引用权威文献、工具书等作为依据来佐证自己的观点。切忌仅凭借自己的感觉泛泛空谈。

（二）大事化小

有一些质检结果中指出的差错属实存在，但在计错标准的把握上存在变通的空间，这样就可以根据"就低不就高"的原则，选择相对轻微的计错方法来减少计错，达到降低差错率的目的。能修改一个标点或文字的错误，就可以不按照知识性差错计算。

例如，某书稿中"扶余国：位于今天的扶余县"，质检专家把"扶余县"改为"扶余市"，按知识性差错计 2 处差错。

扶余为 2013 年所设立的松原市代管县级市，按照当前的时间点，确为差错。但如果根据"就低不就高"的原则，将此处按用字错误计算，则可以计 1 处差错。

又如，某书稿正文叙述中提到"图书角"，而图片中为"读书角"，质检专家认为文中"图书角"与图片中"读书角"不一致，并计 2 处差错。

班级图书角共有 49 本书，今天新增加了 15 本，如果每排放 8 本，那么这些书一共可以放多少排？

对此，可以参照行业标准《图书编校质量差错判定和计算方法》（CY/T 266—2023）"1.8　相关文字不一致"中"图表中个别文字或数值信息与正文不一致"这一条，按计 1 个差错进行申辩。而且"图书角"与"读书角"意思一样，是一般口语表达，非固定术语，正文也未加引号引用，不影响理解，因此此处也可按不计错来申辩。当然，编辑加工时做到统一一致才是最优解。

此外，合理利用合并计错的规则往往也有助于差错率的降低。例如同一差错每面出现多次，有的质检专家会计多处错误，而按照"除错别字和阿拉伯数字与汉字数字混用差错外,其他同一文字、图片差错重复出现,每面计 1 次,最多计 3 次"的规则申辩,计错总数将大幅度减少;同一差错出现在很多面均计错的情况下,利用"一本图书中,同一错别字重复出现,每面计 1 次,最多计 4 次;阿拉伯数字与汉字数字混用差错,每面计 1 次,最多计 10 次"的封顶原则,也可以减少计错总数。这就要求申辩时熟悉计错标准,合理利用。

(三)增大分母

差错率的计算公式是编校差错数除以质检总字数,要降低差错率,除了减小分子,还可以增大分母。前面提到的两种申辩方法都旨在减小分子,当字数计算方法存在变通的空间时,就可以尝试通过增大分母来降低差错率。对于字数计算较复杂的图书,质检专家计算字数的方法可能与责编的计算方法不一致,这样可以提出自己有依据的算法重新计算质检总字数;计算标准灵活的图书,例如难以界定是否为以图片为主的图书,则可以比较不同计算方法的计算结果,选择能增加字数、对申辩有利的计算方法。

例如,某少儿读物质检结果显示质检总字数为 6.6 万字,文前辅文和正文均按照每面 31×26 字计算,参考答案按照每面 42×55 字计算。而按照排版部门给出的每面满版字数,辅文同正文每面为 32×39 字,答案每面 48×50 字,总字数为 9.3 万。这样,如果原计错 8 处,按照前者的方法计算,差错率为万分之 1.21,不合格,而按照后者的方法计算,差错率则为万分之 0.86,合格。

此外,《图书编校质量差错判定和计算方法》中提到,无法计算版面字数的,可以一个印张 1 万字为基数来计算,而对于是否的确无法计算版面字数,也往往会有不同的理解,这样计算的总字数也会存在差异,从而给差错率的计算带来不确定性。

二、对申辩意见的评判

复检的过程通常需要结合初检的结果和出版单位出具的申辩意见综合

评判。由于复检工作相较于初检工作时间更短，工作量更大，因此需要根据经验和手头可以参照的工具书、申辩意见等快速综合做出判断。申辩意见是重要的依据，但不是唯一的依据。经过判断，申辩结果有的会完全采纳，有的会部分采纳，有的则不予采纳。

（一）完全采纳

申辩意见有理有据，言简意赅，计错核减请求合理，就会被完全采纳，对计错进行核减。

（二）部分采纳

申辩意见有一定的道理，但无法按照申辩意见提出的不计错，而是可以适当变通，按照"大事化小"的思路减少计错，对计错进行部分核减。

（三）不予采纳

没有道理、没有依据的申辩意见，将不会被采纳，不核减计错数。为了达到合格线，一些申辩意见中难免有拼凑进来的"硬辩"的意见，同样也有一些差错本来可以核减，但申辩意见并没有提出合理的依据，只提出"不应该计错"等，甚至用词过于情绪化，很难说服复检人员对检查结果做出改变，甚至易引起复检人员的反感。固然，负责任的复检人员会结合计错处书稿的具体情况做出综合判断，避免"唯申辩意见论"，对质检结果做出综合客观的判断，但有些十分复杂的道理如果不讲清楚，复检人员就可能不会想到书稿中作者和责任编辑的思路是怎样的，这种情况下，申辩意见如果能切中要害，就十分有助于打破刻板印象，扭转复检人员的思路，起到关键的作用。

必须要强调的是，申辩只是应对不理想的质检结果的一种补救措施，不是一种常规的工作方法。除了明显误判的情况以外，很多问题处在是非、优劣的边缘，在编辑加工过程中要尽量消除掉，尽可能少留下争议点，避免以申辩的思维做编校工作，减少不合格的风险。对于质检人员，也应宽严相济,既坚持原则又变通处理,切忌胡乱挑错、小事放大。只有质检人员科学公正地做好质检工作,编辑树立正确的认知,既不轻视错误、放任自流,也不杯弓蛇影、畏首畏尾,才有助于在保障图书质量的同时,营造健康良性的出版氛围,促进图书质量的稳步提升。

图书评论篇

《战火中的外交官》书评

　　1999 年,以美国为首的北约在没有经过联合国安理会的批准之下,悍然对南联盟发动了袭击。是年 5 月 8 日尤其是让中国人难忘的一天——我国驻南斯拉夫大使馆遭受到了袭击,在这场所谓的"误炸"当中,三名记者不幸遇难,数十人受伤。中国人愤怒了。

　　《战火中的外交官》一书的作者正是我国驻南斯拉夫联邦大使潘占林,也是黑龙江大学的校友。该书曾于 2006 年初版,在黑龙江大学 80 周年校庆之际,该书由黑龙江大学出版社重新出版,个中有一番特殊的情结。李肇星外长是与潘占林大使并肩作战多年的同事,特为本书作序,体现了二人的深情厚谊。

　　潘占林大使在任南斯拉夫大使期间亲历了北约炸馆事件。这本书中,潘大使对整个事件做了详细回顾,对其来龙去脉也做了细致周密的分析。书中语言平实质朴,正像潘大使其人谦和诚恳,但全书字里行间却透露出力量和果敢,满腔爱国之情和正义之感溢于言表。事发到如今已时隔二十多年,但打开这本书读来仍觉得身临其境,仿佛同在战火中,不由得心痛、慨叹,热血沸腾。

　　该书第六章"北约公然轰炸中国使馆"是令人印象深刻的高潮部分,描述了北约轰炸我国大使馆的详细经过。作者以大使馆被炸前夜的宁静祥和

作为铺垫,正是与炸馆过程之突然、结果之惨烈构成了鲜明对比。事前大使馆的同志们互相关照,互相宽慰,仅仅一瞬间,三位记者就和并肩作战的同志阴阳两隔,特别是邵云环烈士还是潘大使的黑龙江老乡,那种悲痛之情自不待言,国恨家仇更在那波澜不惊的言语中喷薄而出。

读罢本书,吾辈当自强的使命感定会涌上心头。如今,俄乌战火仍在燃烧,然而日渐强大的中国也在让世界倾听不一样的声音——中东"和解潮",正是中国为促进世界和平做出的实质性贡献,见招拆招体现的正是中国智慧。相信战火终将熄灭,霸权主义强权政治终将被埋进历史的垃圾堆。

了解一本书的前世今生

——《书的历史》书评

评价一本书，自然离不开书。书是人类进步的阶梯，书更是陪伴我们一生的伙伴。从牙牙学语到求学晋升，从娱乐休闲到武装头脑，都离不开书的辅佐。工作后进入出版社，更是到了生产书的地方，从书的读者变成了书的生产者，出一本优秀的书就此成为光辉神圣的使命。可是，书是怎样一点点成为今天的样子的，它的发展凝结了人类哪些智慧，它的功能和使命经历了怎样的变迁？从《书的历史》中，我们或许能够找到答案。

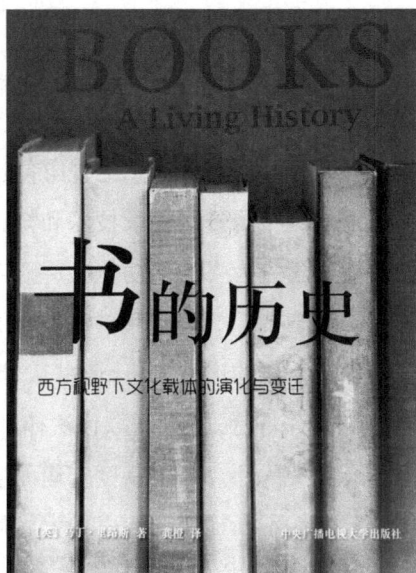

初见《书的历史》一书，便对其书名及内容产生了兴趣。讲历史的书多得是，讲图书出版的也不乏其书，可是讲书自己历史的书并不多见。"书的历史"这一内容框架十分宏观，能准确把握和驾驭这个宏大主题的，着实不多。"书"本身既包含书本这个载体，同时也包含书的内容的组织编排，以及印制装订，等等，可以有多条主线。加之历史上出现的书种类浩如烟海，不同地域文化背景下，书的发展路径多种多样，要想把这个话题说清、说透，并不是件容易的事。《书的历史》以一位英国学者的视角，讲述了书从诞生到发展的历程，图文并茂地呈现了作为文化载体的书的种种样态及重要变革，以及其承载的厚重的文明。

诚如该书的引言中所说,"给书下定义是危险的。我个人更倾向于包容的观点,所以我提供了一个非常宽松的定义。例如,书,不一定得是作为装订在一起、印有文字的纸(这是我们今天最熟悉的形式)而存在。这样的定义忽视了印刷术发明前那两千年的书籍,以及抄本问世前各种形式的文本。如果仅基于抄本的传统定义,超文本和虚拟的书也会被排除在外,因为后者不再使用书的常规支撑材料。而我更想让书的定义向所有的这些形式开放,从楔形文字到印刷抄本再到数字化电子书籍,将书的历史追溯到书写系统本身的发明之时。那么,所谓'书',是一种简约的表达方式——它代表过去的社会里利用各种各样的材料、采取各种形式的书面文字信息交流形式"。狭义上的书只是纸质书,而广义上的书则包含从古至今多种载体。这样,书的范围打开了,本书的视野便也跟着拓宽了。

书的诞生促进了科学技术和知识的有效传播。印刷术的出现让科学书籍传播科学成为书的新功能——活字印刷术和纸张的发明离不开中国人的智慧。科学技术的进步和学科划分的不断细化,让书的种类得以丰富和拓展。识字人群的庞大,也让读书从贵族的活动逐渐变成了平民日常的事情。当然,不乏"哥特式"小说取代法律和宗教作品成为新宠,但这是历史发展中不可避免的一环。审查制度应运而生,它让书的内容受到约束的同时,也让书的艺术性不断提高……书的大发展大力促进知识的传播。书和人类文明互惠互利,相伴共生。

同时,书的一次次革命也受到思想意识的左右。早期抄本的发明,朗读到默读的过渡,以及印刷术的出现,都促动着书的革命性变化。然而革命和变迁伊始也难免遇到强烈的反对声音——快餐读物的流行让人们担忧经典读物被冷落;识字的普及被认为容易导致意识形态的挑战和叛乱;新技术的传播,让人们担忧谎言和歪理迅速传播;出版的商业化,也被认为是对社会的威胁……可以说,书的革命伴随着一次次反对和质疑的浪潮不断进行着。

书绝不仅仅是装订起来的一本本资料,它是人类文明的伴生物,它的发展进步与人类思想文明的进步如影随形,相互渗透。

随着科技的发展,书的样式仍在不断发生革命。电子书的出现,对传统的纸质图书又是一个巨大的冲击。从宏观的角度定义书，摆脱了纸质形态的书仍然是书，并且是书的形态的又一次革命。这正体现了作者对书的未来的理性观照。

纵观全书，仿佛就是书的"昨天、今天和明天"，既讲述历史，又面向未来，既有宏观写照，又不乏经典案例呈现。它有别于编年史、通史等厚重正统的历史，更多的是一种信手拈来、举重若轻的历史。无论是出版业的同人，还是热爱阅读的读者，想要深切洞悉一下手捧之书的过往云烟，看一看它的前世今生，并透过它了解一下人类文明的鲜活往事，不妨读读《书的历史》，或许能收获一点点启示和思考。

荧幕背后是沧桑

——评《黑龙江电影百年》

又到了黄金档期，各大影院人流如织。众多新兴影城纷纷抢滩各大城市，已然成为影院的代名词。黑龙江也不例外，它们的存在让全国各地变得整齐划一。置身其中欣赏着或惊险刺激，或催人泪下的影片，又有几人能打开记忆的大门，回想起我们黑龙江本地电影事业那些曾经的故事呢？

《黑龙江电影百年》的作者孙建伟老师是一位知名的收藏家，其私人博物馆里卷帙浩繁。同时，他又以中国电影家协会会员的身份，怀着记录黑龙江百年来电影事业发展的使命，为我们带来了这部史料丰富、阅读和研究价值都极强的力作，填补了这个领域的空白。

说起老电影，我们能想到什么？不甚清晰的黑白画面，古老的放映机，艰苦朴素而兢兢业业的老一辈电影艺术家……这些仅仅是一些模糊的感性认识。电影与我们的黑龙江之间又有哪些关联呢？拓展开来，方方面面的内容不可谓不丰富。例如，黑龙江那些已经消失的老电影院，从黑龙江走出来的老一辈电影人，黑龙江的电影行业管理制度的变迁，早期电影海报和电影票的模样，有关黑龙江题材的影片，记载黑龙江电影事业的书、报、刊，电影放映的器材和物资供应情况……《黑龙江电影百年》用丰富的图片、翔实的史料、精确的数字一一给予了介绍。翻开它，错落有致、别具一格的版式设计打破了一般史料类书籍的沉闷与单调，活泼而灵活多样的呈现方式让读者提起了了解黑龙江电影事业百年沧桑的兴致。

百年前，中东铁路上呼啸的列车唤醒了沉睡多年的黑土地，曾经作为"龙兴之地"的黑龙江进入了新的发展阶段。黑龙江的电影事业也恰恰兴起于十九世纪末期。中外文化的交融碰撞，让黑龙江的电影事业同其他方面一样带有了异域色彩。此后，抗日战争时期，黑龙江的电影业也步入萧条的阶段。新中国成立后，电影业进入新时期，基础设施、管理制度虽然并不先进，但处在变革时期，可谓旧貌换新颜。经历了二十世纪六七十年代的曲折与禁锢之后，随着改革开放的到来，黑龙江的电影事业迎来了激情燃烧的春天。影院和放映器材得到了翻新改造，影片数量和放映场次大幅度增加，农村的电影放映事业也得到了快速的发展。特别是结合黑龙江的特色举办的冰雪电影艺术节，把电影事业以一种崭新的面貌呈献给观众，是大胆而富有特色的创新……《黑龙江电影百年》正是以时间为主线，分成若干个阶段来介绍黑龙江电影的方方面面，严谨细致又不失文艺色彩。穿插在各历史阶段之中的，是鲜活熟悉的电影人，有浓浓时代烙印的手绘电影海报，褶皱模糊的老报纸，仿佛是这条时间轴上跳跃的音符。

《黑龙江电影百年》整本书自身就像一部黑白电影，一幕又一幕地呈现着黑龙江电影的故事，讲述着荧幕背后的故事。时光流逝，经历过、讲述过故事的人在渐渐老去，随着发黄的报纸杂志和锈蚀的机器、残损的建筑，慢慢演化成历史的尘埃，消失在记忆的深处……唯有书本能把这一切固定下来，讲述给后人。

故事结束了，帷幕落下了……相信百年以后，今天的电影事业也将被有使命感的作家写进书本，留给后人……

城市因历史而丰满，历史因文化而灿烂

——评《哈尔滨历史文化研究》

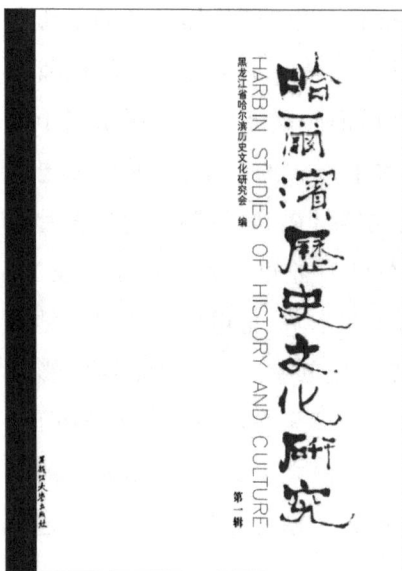

跟北京、西安等古都相比，哈尔滨的历史并不长，它是一座年轻的城市。然而哈尔滨的历史又有其独特的一面，异域风情浓重，因而它又是一座婀娜多姿、风情万种的城市。冰灯、雪雕、索菲亚教堂、大列巴……透过这些符号化的事物只能窥见哈尔滨城市风貌的片段，真正想要了解这座城市，断然绕不开它短暂却富有浓郁文化气息的历史。

作为土生土长的哈尔滨人，我对这座城市历史文化的好奇心也许是天生的。特别是受到老人的影响，小时候，我就开始对这里的建筑、街道产生了兴趣。去过了这里，还想走那里；了解了眼前的风貌，还想知道它们曾经的模样……每当看到报纸或展馆里哈尔滨的旧影时，我常陷入沉思——那不就是我的足迹踏过的一条条街道曾经的模样吗？那不就是这座城市孕育之初那简单苍凉的轮廓吗？这时总会有个冲动，想买一本汇集这些老照片、老故事的书，遗憾的是，并没有。逛遍了全市各大书店，也找不到类似的书。这是为什么？作为一座文化名城，它的历史没有人关注？

令人颇感欣慰的是，这几年关于哈尔滨往事的书不断涌现出来，并由少到多，形成一定的规模。果戈里书店、中央书店后来更是为有关哈尔滨历史文化的书开辟了专区,哈尔滨的历史文化在书中得到了展示和传播,吸引着本地历史文化爱好者和外地旅游者的关注,迎来了属于它的春天。书的作者不乏资深的哈尔滨历史文化研究学者,他们渐渐为人们所熟知,拥有了越来越多的"粉丝"。汇集了众多资深前辈的"哈尔滨历史文化研究会",更是作为哈尔滨历史文化研究的中坚力量进入了读者们的视野。

从事出版工作后,我对关于哈尔滨历史文化的书产生了更为浓厚的兴趣。书店里的资源毕竟有限,于是我又成了旧书摊、"孔夫子旧书网"的常客,并且果然在其中收获颇丰,被人们抛弃的"破书"里,是一幅幅生动珍贵的老照片,一桩桩被遗忘的故事……转眼之间,家里的书架就满了。有关哈尔滨历史文化的论坛、微博、微信公众号也方兴未艾,可供汲取的营养也日渐丰富。可以说,新媒体与传统媒体相得益彰,共同推动了诸多领域文化的繁荣,哈尔滨历史文化爱好者便是其受益者。

一次偶然的机会,我有幸得到了《哈尔滨历史文化研究》的书稿。该书正是哈尔滨历史文化研究会诸位学者的研究成果汇集而成的,一篇篇从学术的高度或艺术的视角研究哈尔滨历史文化的文章都是不可多得的精品。出版任务紧急,但我欣然接受。担任此书的责任编辑,我的心情激动而忐忑。激动是因为我有幸亲自将倾慕已久的大家们的成果出版成书,成就感、使命感十足;忐忑是因为这些文章学术气息浓厚,数据资料丰富翔实,论述严谨周密,编辑的过程中必须慎之又慎地对待每一个史实、每一个数字,稍有马虎便有可能留下笑柄,一旦妄改又难逃"班门弄斧"之诟病,遭到专家和读者的指责。无论如何都必须认真对待,这是作为出版人和地方史爱好者的双重使命。

单说历史,很多人会感到乏味。大同小异的中国古代史、世界史等等,学校里学,专家也讲,虽然熟悉,但很有距离感。地方史则不同,它就是我们身边的历史,我们身边不起眼的一条小胡同、一座泥草房都能在地方史里留下痕迹,没有那么多轰轰烈烈的大事件、掷地有声的大道理,只有这些平凡的小故事以及尘封的老建筑、老街道。它能带领我们穿越回昨天,游历那蒙着灰尘却生动鲜活的往事,那样亲切而祥和,令人感动又发人深思,仿佛一缕缕温暖的阳光照进梦境。这就是地方史的魔力，它使城市厚重而丰满。众所周知，哈尔滨只有百余年的历史，但究竟是从哪一年开始算起的呢？作为哈尔滨中东铁路的重要组成部分，现已成为一道景观的"老江桥"，其建设过程究竟是怎样的？哈尔滨重要研究史料《中东铁路大画册》的拍摄者究竟是谁？人们熟知的"秋林公司"，其诞生历程是怎样的？其国有化经历了哪些曲折？随着哈尔滨站改造而重见天日的圣伊维尔教堂，里面究竟埋葬着谁？……这些问题，《哈尔滨历史文化研究》中学者们通过深入的考察、严谨的论证，一一给出了答案，以侦探的思维在零散破碎的历史资料里面明察秋毫，力图拼接出完整鲜活的历史。特别是李述笑老师在多年研究积累的基础上撰写的《哈尔滨历史误读误释考订》一文，把哈尔滨历史研究中一点一滴的欠妥之处一一指出，并利用充分可靠的论据加以佐证，以理服人。如今众多媒体中充斥着有关哈尔滨历史似是而非的解读，真真假假难以分辨，李述笑老师的成果实为一股清流，其严谨科学的精神，令人敬佩。

单说文化，又显得有点空洞。文化究竟是什么？三言两语很难说得清，文化只有体现在具体的事物上，才能散发出诱人的气息。把文化润饰在历史上，历史便告别了它原本的庄严肃穆，转而变得有声有色。一个地方的历史文化滋养着这个地方人们的精神，让一方水土和它所养育的这一方人都带有共同的文化特质。众所周知，哈尔滨是驰名中外的音乐之都，其民间乐器"六胡琴"有着怎样的故事？曾经居住在哈尔滨的俄侨为这座城市的声乐艺术做出了哪些不可磨灭的贡献？老道外写满了哈尔滨昨天的故事，这些今天看来老旧残损的建筑，当年在艺术上有着怎样值得称道的造诣？……研究者们又转而以艺术家的情怀细腻地品味这座城市的文化，用文艺的笔触给读者展现了这座城市温婉的一面，沉重的引人深思的历史在这里又变得风情万种，黑白照片顿时显现出了颜色，甚至萦绕着低回的乐曲声。

严谨的探究加上动人的描绘，构成了《哈尔滨历史文化研究》这本学术和艺术价值均不凡的成果。只看书名，你也许不会被这中规中矩的名称吸引，但如果你热爱哈尔滨的历史文化，或者至少有一点兴趣想要了解一二，那么不妨读一读里面的文章，说不定能得到些许启示，引发些许思考。我想，这正是它的价值所在。地方史研究学者们这些倾注心血的研究实为伟大的壮举，让读者拨开重重迷雾，接近最真实、最准确的历史，更重要的是为历史披上了文化的霓裳，让我们放心地看到，哈尔滨不是文化的荒漠，它的历史文化不但没有被遗忘，而且有这么多建树颇丰的研究者愿意用心挖掘和诠释。也许，正是这些，让我变得越发怀旧了吧。

《黑龙江民间文学丛书·哈尔滨卷》书评

民间文学,是五四运动和新文化运动后兴起的概念,是指在人民中间广泛流传的文学,主要是口头文学,包括神话、传说、民间故事、民间戏曲、民间曲艺、歌谣等。自然,民间文学带有浓厚的乡土气息,贴近百姓的日常生活,十分"接地气"。跟含蓄晦涩的高雅文学相比,民间文学读起来更亲切畅快。

《黑龙江民间文学丛书》收录的就是我们黑龙江省各地流传的民间文学,按黑龙江省各地市分卷,各个分卷收录了当地口口相传的作品。每一篇作品均标注讲述者和采集者,是用原汁原味的口头叙述转录而来的文字,乡土气息十足,生动鲜活,再配上简单写意的图画,相信黑龙江乃至东北地区的读者只要翻开书,一幅有声的画面就会呈现在眼前:白山黑水间,热炕头上,一位老者叼着烟袋,用浓浓的黑龙江乡音,绘声绘色地讲述着祖辈流传下来的故事。故事不长,短小精悍,但精练的语言里透露出寓意和哲理,折射着乡间祖祖辈辈人们智慧的光芒。

《黑龙江民间文学丛书·哈尔滨卷》不仅充满了哈尔滨各县市的地名元素——半拉城子、团子山、地段街、对青山、十八站、香炉山……,还不乏充满乡土气息的风俗和传说——憋金鸡、狐狸报恩、龙王爷、金兀术、嘎拉哈、烟火洞……叙述中不乏纯正的方言——半半道、神树崴子、婆婆丁、水葫芦篙子、清风砬子等等，外地人读起来可能会感到费解，但读下去，就能从通俗而朴实的语言中找到答案，而本地人则会找到共鸣，引发强烈的亲切感，这就是民间文学的魅力。民间流传的故事自然经不起科学的推敲，但这不妨碍里面蕴藏着的美好愿望和朴素的哲理，它们的教化功能绝不亚于国外的寓言故事，而且更符合我们中国人向美向善的价值取向。在里面，我们找不到华丽的辞藻、精美的修辞、高深的文学手法，但这并不影响它的美感和文学性。毛泽东同志《在延安文艺座谈会上的讲话》中指出："一切种类的文学艺术的源泉究竟是从何而来的呢？作为观念形态的文艺作品，都是一定的社会生活在人类头脑中的反映的产物。革命的文艺，则是人民生活在革命作家头脑中的反映的产物。人民生活中本来存在着文学艺术原料的矿藏，这是自然形态的东西，是粗糙的东西，但也是最生动、最丰富、最基本的东西；在这点上说，它们使一切文学艺术相形见绌，它们是一切文学艺术的取之不尽、用之不竭的唯一的源泉。"①民间文学可以看作这样一种反映人民生活的革命文学，粗糙，但也是最生动、最丰富、最基本的。

　　读过《黑龙江民间文学丛书》，如果我们从中找到朴实的美感，得到思想的启迪，那么它就成功了。

------

　　① 《毛泽东选集》第三卷，人民出版社 1991 年版，第 860 页。

记录和改写城市的历史

——评《城与人 哈尔滨故事》

作为一名八〇后，笔者成长在改革开放以后万事万物欣欣向荣、日新月异的时代，尤其近些年来，科技发展速度惊人，中国的实力日益增强，国际地位步步高升，过去的那些岁月图景正在加速离我们远去。在被时代裹挟着飞速前进的同时，越来越想停下来，回过头去看一看小时候的样子，于是笔者对地方史的兴趣逐渐浓厚，想去触摸曾经那个孕育笔者的年代，那记忆之中温暖柔和的阳光，和它照耀着的简单朴素、亲切感人的一切。所以，怀旧可能不光是怀念那些老物件、旧时光，也是怀念曾经的自己。从现在不断涌现的怀旧小店、怀旧商品等不难看出，人们生活富裕之后，"情怀"变得越来越受到推崇。

笔者生活的哈尔滨是一座年轻的城市，历史只有百年，虽然不长，但是还有一定的研究价值。从小，在爷爷的影响下，笔者尝试走遍城市的各个角落，感受城市的点滴变迁。除了去松花江边玩水，还探访城市各处的"奇观"。笔者对养育笔者的哈尔滨市，从了解，到热爱，不光见证她的日新月异，也越来越想去探究她的前世今生。

多年前，偶然在书店里买到了黑龙江日报社资深记者、民间文物保护人士曾一智老师的《城与人 哈尔滨故事》一书。这是笔者收集的第一本关于哈尔滨历史的著作，虽然后来林林总总出了其他一些相似题材的读物，但这本直到现在翻看起来也觉得津津有味。

《城与人 哈尔滨故事》图文并茂，以一篇篇文章的形式讲述哈尔滨城市风景、建筑和人物的故事。作者曾一智老师一直致力于哈尔滨市的历史建筑保护，为此她面临过不少挫折，但始终不渝坚持着这项意义非凡的事业。因此这本书与一般的地方史类的书籍有所不同，它从保护文物、讲述往事的视角，融入了作者为了热爱的城市、热爱的老建筑而奔走辗转的良苦用心和满腔热情，读起来觉得文笔真挚，很容易共情。同时写作视角是在当下，不同于来自遥远过去的文史资料，因此就是在讲述你身边的一砖一瓦、一草一木发生过的事，亲切而熟悉。尤其是翻看里面的老照片，更有种说不出的激动。

《保护滨江关道衙门》《保护百年老厂》《百年老厂文物获救记》里面记录的一些老建筑、老物件终究得到了保护，是一大幸事；而《保护百年老气象台》《为了哈尔滨的未来：保护历史的见证——老房子!》《正在消失的老房子》《老教堂倒掉了》里面记录的老建筑就没那么幸运，多已不复存在。哈尔滨历史建筑面临年久失修和拆除命运的并不在少数，让人惋惜不已，因为逝去的就永不会再回来。探访、寻找、抢救……文章里不乏这样体现作者执着与专注的词语，正是作者短暂的一生奔走呼吁、苦苦求索的生动写照。老建筑经过努力保留下来，绝对是一大幸事，没有保留下来的，作者也尽了力，且为我们留了痕，留下了怀念的素材。无论从哪个角度来讲，曾老师和这本书均可谓分量极重。城市不能没有她，也一定不会忘了她。后人翻开书，就能从中寻找自己生活的城市过去的样子，还有为了这座城市付出的努力和换来的对其命运的改变，定会感慨良深。

最后，想要改写一句名言——现代科技带给我现代的购物方式和城市生活，而我却喜欢用它来怀旧。生活越现代化，反而越想翻开书，看着老照片，寻找记忆深处那片天地，寻找逝去的时光，还有逝去的童年……

钻研满族语言文字，深耕满族历史文化

——满族语言与文化研究丛书书评

满族是我们中华民族大家庭中的重要一员，历史悠久，文化底蕴深厚。历史上，满族及其先民先后创立了金、清等王朝，在中国历史上书写了浓重的笔墨。同时，满族主要居住在我国东北地区，自然与我们黑龙江省有着紧密的联系。然而，由于种种原因，满族的历史文化尤其是满族的语言传承情况不容乐观，抢救和挖掘满族的历史文化迫在眉睫，此举功在当代，利在千秋。

借助黑龙江大学满学研究院的学科优势，黑龙江大学出版社与黑龙江大学满学研究院联合推出了满族语言与文化研究丛书。该丛书包含十一部力作，是黑龙江大学满学研究院各位学者对满族语言与文化研究的结晶，填补了满学研究领域的一个空白，因此荣获国家出版基金资助。

从丛书的名称中不难看出，丛书研究的重点主要分为两个方面——"语言"与"文化"。

语言方面，分别研究了满语修辞、满语借词、满语认知，同时涉及满语和其他语言的比较研究，如朝鲜语与满-通古斯语族同源词，以及满语文对蒙古语言文字的影响等，从共时层面的语法现象到历时层面的语言流变都有所涉猎，研究内容系统深入，逻辑严谨，深入浅出。有的直接对满语的原貌通古斯文字加以研究和呈现，更具有文献资料价值；有的则用拉丁字母转写，在发音上更容易识记，也为非专业读者阅读和学习满语架起了一座桥梁。对于专业的研究者来说，参考价值和研究价值不菲；对于业余爱好者等一般读者而言，也有助于系统增进满语的相关知识。

文化方面，包括满族祭祀文化、满族社会文化变迁、满洲崛起对东北少数民族文化认同的影响、清代黑龙江地区世居民族交往交流等，既涉及满族自身的文化，又涉及满族与其他少数民族之间的关系和相互影响；不光从作者自身的视角研究和阐释，还从清代东北流人的视角研究满族社会生活，引述流放此地的文人墨客笔下描摹满族社会生活的第一手资料；甚至挖掘了俄藏满文文献总目，从更宽广的范围寻找满族历史文化的蛛丝马迹。如果说语言方面的研究成果专业性强，甚至稍显晦涩，那么文化方面的研究成果似乎更"接地气"一些，时间上涵盖满族的先民肃慎、挹娄、勿吉、靺鞨、女真以及后来逐渐形成的满族，从不同的侧面、不同的视角构筑了一幅满族社会生活的生动图景，饮食、衣着、自然环境、经济生产等分门别类引经据典，真实可靠，述说全面又不失细致翔实，引用广博又不失精准恰切。

整套丛书涉及专业性内容众多，思想观点深刻，因此撰写工作繁杂，编辑工作也难度不小。引用的经典哪怕只有一个字、一个词，也要找到原始的出处；论述的观点存在一丝怀疑，也需探索、求证和切磋。无论是作者团队的精心打磨，还是编辑的耐心推敲和社内外审稿专家的悉心把关，都旨在打造出传承满族语言文字、弘扬满族历史文化的经典力作。随着黑龙江大学出版社与黑龙江大学满学研究院的深度合作和进一步深耕，相信会有更多优秀的研究满族语言文化的力作问世，为满族语言与文化的传承与保护开拓一片天地。

语保工程结硕果，龙江方言好传承

——《中国语言资源集　黑龙江》书评

中国语言资源保护工程(语保工程)是由教育部和国家语言文字工作委员会领导实施的一项语言文化类国家工程。该工程 2015 年 5 月正式启动,目标是按照统一的工作和技术规范,对语言和方言进行调查、采录、整理和加工,建成大规模、可持续增长的多媒体语言资源库。对于幅员辽阔、方言种类繁多的中国来说,此举工程浩大但可谓意义非凡。2019 年,《教育部办公厅关于部署中国语言资源保护工程 2019 年度汉语方言调查及中国语言资源集编制工作的通知》发布,并下达了《中国语言资源集(分省)编写出版规范》(此后经过了修订),《中国语言资源集(分省)》编制工作开始推进。此后,全国各个省份陆续推出中国语言资源集相应分卷,对当地的语言资源进行了资料化。

《中国语言资源集　黑龙江》在语委和黑龙江大学出版社的共同努力下面世了,并荣获国家出版基金资助。《中国语言资源集　黑龙江》是语保工程拼图中不可或缺的重要一块,是语保工程在黑龙江省的重大成果。无论是框架结构、编写体例,还是版式、呈现方式,都严格按照统一的规范来处理,使得全国各分卷形成一个整齐划一的系统,具有很强的资料价值。与全国其他分卷一样,它将原本更多是在口头呈现出来的黑龙江方言书面化、系统化地保留和传承下来,具有重要的意义。然而,无论是语言资料的采集、整理和编写,还是编辑、排版、校对,其工作量都不可小觑。

按照《现代汉语词典》,"普通话"是"我国国家通用语言,现代汉民族的共同语,以北京语音为标准音,以北方话为基础方言,以典范的现代白话文著作为语法规范"。黑龙江地处我国最北端,其方言是普通话的基础,因此发音很接近普通话,当地百姓也认为自己讲的就是普通话。然而,黑龙江方言很多发音细节还是与普通话存在差异,而且黑龙江各地市之间、城乡之间发音面貌也不尽相同。《中国语言资源集 黑龙江》编写团队根据方言小片在黑龙江省内选择了 20 个具有代表性的调查点,从语音、词汇语法、口头文化三个方面,将各个调查点不同年龄、性别发音人的发音情况用国际音标如实记录下来,分别予以呈现。因此,《中国语言资源集 黑龙江》包括语音、词汇语法、口头文化三个分册,每一分册都囊括了大量语言样本,并用国际音标标注。用国际音标而非汉语拼音呈现各个调查点调查对象的发音情况,有一个好处就是能够尽可能准确和细腻地反映发音的每一个细节,包括声调的高低、口腔的开合程度等,是一种"严式标音",而这些细节用汉语拼音很难区分出来。虽然对于非语言学的读者来说,国际音标初期识读起来会有一点困难,但读得多了,自然会找到规律,从中揣摩各地、各个人独有的发音特点。除了收录发音情况外,书中还对各地的变调、异读规律做了总结,深入挖掘了当地发音上普遍存在的种种特点。

《中国语言资源集 黑龙江》看似枯燥的表格和字符里跳动着鲜活生动的黑龙江方言,参与丛书的编辑工作,亲切感、使命感和自豪感也油然而生,其反映的鲜活的语言有着独特的魅力和趣味性,同时其作为语保工程的重要成果又是意义非凡的。读者读来,无论是为了研究一方语言面貌和规律,还是品味乡土气息,相信或多或少都会有所收获。

文字里的青春永不褪色

——评《青春舞——黑龙江大学文学院学生作品集》

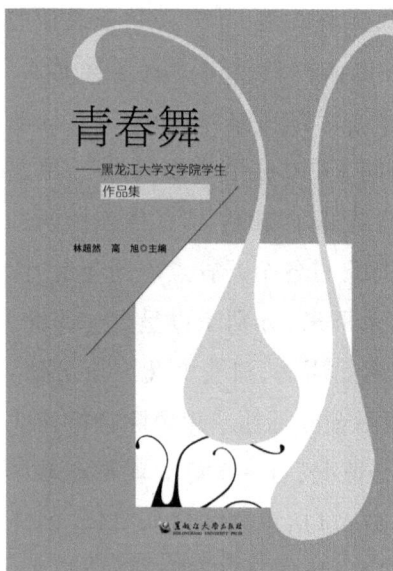

恰逢春光明媚的读书日，拿到了黑龙江大学出版社出版的《青春舞——黑龙江大学文学院学生作品集》，读罢，便从每天繁复的学术性思维中快速地跳跃出来，深深沉醉在清新淡雅又充满活力的文字中。从书名便可看出，它是大学生的作品集，而且是文学专业的大学生的作品集。可不要小看学生的作品，其文字青春洋溢，笔触细腻柔美，甚至不输文学大家的作品，因为贵在真实鲜活。

《青春舞——黑龙江大学文学院学生作品集》是由黑龙江大学文学院学生的百篇文学作品汇集而成的，共分为"我爱我家""故园之恋""校园往事""成长笔记""生活随想"等板块，每个板块内包含若干篇短小精悍的文章，少则一两页，多则三四页不等，是关于家庭、故乡、校园、童年、日常生活的散文、随笔。文章或记述故去亲人的音容笑貌，或思念渐行渐远的好友，或描写家中的爱宠、草木，或回忆凄美又刻骨铭心的爱情，或抒发对世间万物的感触……写的大都是身边点滴的人和事，往往没有跌宕起伏的剧情，而字里行间却焕发出青年人特有的勃勃生机，引人入胜。由于是文学专业的学生所写，文笔自然不同凡响，但即使没有华丽的辞藻和高超的文学技巧，文中流露出来的真情实感也足以引发读者共鸣。

如一些文章描写的挚爱的亲朋远去、刻骨铭心的爱情戛然而止，无须刻意渲染和修饰，便使人不禁潸然泪下，久久难以释怀，若是配上动人的描写，便可谓锦上添花了。文学源于现实又高于现实，描写人和事、抒发情感贵在真实，而文学技巧则是为作品增色的手段。就好比有了鲜美的食材，稍加作料便可烹制出珍馐佳肴，否则，哪怕使用再多的调料，用再精湛的烹饪技艺也难以达成。

作为过来人，谁没有过绚丽多彩而又转瞬即逝的青春？但将这人生中最多彩的时光用笔生动地记录下来，却不是人人都做得到。可以说，用多美妙的词句来赞美和歌颂青春都不为过，用多么长的篇幅来绘就青春的靓丽图景都不嫌多。别看《青春舞——黑龙江大学文学院学生作品集》汇集的文章篇目不少，但绝非千篇一律，而是题材丰富，风格各异，各有侧重，因为每个人的青春虽然相似却又不尽相同，读起来不会感到重复和单调，只会从中感悟不同的人生，体味作者独有的心路历程。

无论是与作者同龄的青年读者，还是阅历更深的中老年读者，想必读过此书，定会如沐春风，体味到同学们清新洒脱的心路历程，甚至会从中找到自己青春的影子。这就是神奇的文学带给读者的独特感受。如果您也受到触动，不妨拿起笔，也来写一写自己的青春吧。

后　记

  本书成书之时，是笔者在出版行业打拼的第十一个年头。十余载伏案笔耕，谈不上成就，只是点滴积累了一些感悟和心得。未来要走的路更长，努力的空间更大，回望过去是为了拨正航向，更好地前行。能在这个行业义无反顾地打拼，离不开领导的提携、同事的支持、专家的点拨、家人的鼓励，在此深表谢意，没有他们，事业断然不会走得如此顺畅。黑龙江大学出版社是一个温馨和谐的大家庭，能和一群志同道合的兄弟姐妹并肩奋斗，畅游书海，深感幸福有加，它是笔者不断奋力前行的助推器和定心丸。知识的更新突飞猛进。若干年后，回看当年的文字，陈旧与肤浅自不待言，但那成长的印记和执着的汗水，还是会透过文字，不断激励笔者不断求索。知识更新的速度之快，让我们没有时间停步不前，唯有不断丰富自己，才能跟上时代。

2023 年 10 月于哈尔滨